Am Schlusse dieses Bandes befindet sich ein **„Nachweis wichtiger Gesetzesausgaben"**, in dem die meisten Bände der jetzt über 240 Nummern umfassenden

Guttentagschen Sammlung Deutscher Reichs- und Preußischer Gesetze

sowie größere und kleinere Kommentare, Lehrbücher, Sammelwerke, Entscheidungssammlungen und Zeitschriften verzeichnet sind

Guttentagsche Sammlung
Nr. 179. Deutscher Reichsgesetze. Nr. 179.
Kommentare und erläuterte Textausgaben.

Aktiennovelle

und Bankenaufsicht

Verordnung vom 19. September 1931

Textausgabe
mit Einführung in die Aktiennovelle

von

Dr. Albert Pinner
Justizrat, Berlin

Berlin und Leipzig 1931.
Walter de Gruyter & Co.
vormals G. J. Göschen'sche Verlagshandlung — J. Guttentag, Verlagsbuchhandlung — Georg Reimer — Karl J. Trübner — Veit & Komp.

Inhalt.

Abkürzungen.

E. = Entwurf eines Gesetzes über Aktiengesellschaften und Kommanditgesellschaften auf Aktien, veröffentlicht durch das Reichsjustizministerium.

Erl. = Erläuternde Bemerkungen zu dem Entwurf.

JW. = Juristische Wochenschrift.

V. = Verordnung des Reichspräsidenten über Aktienrecht, Bankenaufsicht und über eine Steueramnestie, vom 19. September 1931. Erster Teil: Vorschriften über Aktiengesellschaften und Kommanditgesellschaften auf Aktien.

Einführung in die Aktiennovelle.

Einleitung.

Das deutsche Aktienrecht, als dritter Abschnitt des zweiten Buches des HGB., hat seine jetzt geltende Fassung durch Gesetz vom 10. Mai 1897 erhalten. Diese beruht auf dem Grundgedanken der sogenannten 2. Aktiennovelle vom 18. Juli 1884. Diese wieder war hervorgerufen durch den Krach des Jahres 1873; man hatte sich damals für die Ausarbeitung der damals allseitig verlangten Revision 11 Jahre Zeit gelassen.

Reformwünsche erhoben sich erst vor einigen Jahren wieder; man machte das Aktiengesetz verantwortlich für die Mängel, die sich bei der Verwaltung der Aktiengesellschaften zeigten. Bei der Diskussion, die sich teils in Tageszeitungen, teils in wissenschaftlichen Schriften über die Reform erhob, waren es hauptsächlich drei große Grundfragen, bei denen eingesetzt wurde. Ursprünglich beherrschte der Gedanke der sogenannten Fälschung des Mehrheitswillens die Diskussion. Man erkannte an, daß die Aktiengesellschaft eine Mehrheitsgesellschaft sei, wollte aber durch die Reform erreichen, daß der Wille der Mehrheit auch wirklich zum Ausdruck kam und die Minderheit, insbesondere der Kleinaktionär, nicht durch die Mehrheit geschädigt werde. Man verlangte Beseitigung oder Änderung der Vorzugsaktien, der Verwaltungsaktien, des Instituts der Strohmänner, des Depotstimmrechts der Banken sowie Schutz der Minderheit gegen Übergriffe der Mehrheit.

Daneben wurde immer und immer wieder von den Reformfreunden betont, daß die Publizität der Aktiengesellschaften mehr und mehr zu wünschen übrig lasse, der Aktionär müsse in der Lage sein, sich aus den Vorlagen, die ihm gemacht werden, ein Bild der Gesellschaft zu schaffen. Man verlangte daher genauere Angaben in den Bilanzen und daneben ein stärkeres Auskunftsrecht des Aktionärs, als es sich insbesondere durch die Judikatur des Reichsgerichts ausgebildet hatte.

Erst später setzte dann der Ruf nach Reform des Aktienrechts an Haupt und Gliedern ein. Es wurde grundsätzlich die Frage erörtert, ob der Typus der Mehrheitsgesellschaft noch unsern heutigen Verhältnissen entspreche; das Recht des Unternehmens als solches, das insbesondere schon Rathenau in seiner Schrift vom Aktienwesen verkündet hatte, nahm einen weiten Raum in der Besprechung ein; es wurde untersucht, inwiefern die zunehmende Konzernbildung und die bewußte oder unbewußte Sozialisierung der Gesellschaften nicht eine Umwandlung der bisher angenommenen grundlegenden Begriffe verlange.

Aus dem Stadium der Diskussionen trat die Reformfrage heraus, als der Juristentag für die Sitzung in Köln im September 1926 das Thema aufstellte: „Soll bei einer künftigen Reform des Aktienrechts eine Annäherung an das englisch-amerikanische Recht in grundlegenden Fragen stattfinden?“ Schon die sehr vorsichtig abgefaßte Themenstellung beweist, daß man noch nicht sich offiziell dazu bekennen wollte, eine Reform des Aktienrechts in die Wege zu leiten. Augenscheinlich ist die vorsichtige Fassung ein Kompromiß zwischen Freunden und Gegnern der Reform. Der Juristentag hat sich aber an die ihm lediglich vorgelegte Frage der Annäherung an das englisch-amerikanische Recht nicht gehalten. In seiner Sitzung im September 1926 hat er einen Beschluß gefaßt, der zwar widerspruchsvoll war, aber doch den Auftakt zu der weiteren Durchführung der Reform gegeben hat. Er hat zu 1) beschlossen:

„eine allgemeine Reform des deutschen Aktienrechts ist zur Zeit nicht erforderlich, es liegt daher kein Anlaß vor, Maßnahmen zur Vorbereitung einer solchen Reform einzuleiten."

Zu 3) beschloß er aber:

„Die ständige Deputation des Juristentages wird ersucht, eine aus Mitgliedern des Juristentages bestehende Kommission mit dem Rechte der Kooptation auch von Nichtmitgliedern zu bilden, die beauftragt wird, die Frage einer etwa notwendigen Reform des deutschen Aktienrechts zu prüfen."

Diese Kommission wurde ernannt und hat im Jahre 1928 ihr Gutachten abgegeben. Im März 1929 hat das Reichsjustizministerium einen sehr eingehenden sorgfältig gearbeiteten Fragebogen an Wissenschaft und Wirtschaft gegeben mit dem Ersuchen, sich auf diese Fragen zu äußern. Es kam eine Reihe von Antworten, die zum großen Teil veröffentlicht sind, und die meist sehr eingehend waren. Unter Berücksichtigung dieser Antworten hat das Reichsjustizministerium im März 1930 den Entwurf eines neuen Aktiengesetzes veröffentlicht. Es bestand die Absicht, nach eingehender Beratung der bald zu dem Entwurf einsetzenden Kritik einen abgeänderten Entwurf der Öffentlichkeit zugängig zu machen und diesen an Reichsrat und Parlament zu leiten. Die politischen und wirtschaftlichen Vorgänge der letzten Zeit haben diesen Weg zur Zeit unmöglich gemacht. Einerseits glaubte man wohl nicht bei den innerpolitischen Verhältnissen eine sachliche Erörterung im Parlament durchsetzen zu können, andererseits aber sind durch die Wirtschaftskrise der letzten Monate wieder neue Probleme aufgetaucht, die zur nochmaligen Überarbeitung des Reformwerkes unbedingt nötigen.

Einige Zeit lang spielte man mit dem Gedanken, das gesamte Aktienrecht durch Notverordnung einzuführen. Man ist aber glücklicherweise hiervon abgekommen, denn, abgesehen davon, daß der Art. 48 der Reichsverfassung für eine Reform des gesamten Aktienrechts wohl kaum angezogen werden kann, kann ein so kompliziertes und so in das Leben der Nation eingreifendes Gesetz nicht einfach, ohne daß Gelegenheit gegeben wird, auch zu den letzten Änderungen sich zu äußern, dem Volke oktroyiert werden.

Man hat daher hiervon Abstand genommen und hat nur durch Verordnung des Reichspräsidenten vom 19. 9. 31 gewisse Vorschriften des Gesetzes im Wege der Notverordnung erlassen.

Die Verordnung stellt kein einheitliches Gesetz dar, sie nennt sich auch nicht Verordnung über Aktiengesellschaften oder ähnlich, sondern Vorschriften über Aktiengesellschaften und Kommanditgesellschaften auf Aktien. Es sind lediglich Einzelbestimmungen und diese teilen sich in solche, die ein Institut vollständig oder ziemlich vollständig behandeln, wie einzelne Institute des Handelsrechts wie § 226 (Erwerb eigener Aktien),

§ 227 (Einziehung von Aktien), § 260 (Bilanzgrundsätze), §§ 262a ff. (Bilanzprüfung), § 266 (Prüfung auf Antrag der Minderheit), §§ 268 ff. (Regreßklagen) und in solche, die lediglich sich auf Einzelfragen beziehen wie Art. II (eine Eigentumsfrage der Aktien), § 239a (Verpflichtung des Vorstandes, an den Aufsichtsrat Bericht zu erstatten), § 240a (Kredit an Mitglieder des Vorstandes), § 244a (Verlangen von Aufsichtsratsmitgliedern auf Einberufung zur Sitzung), § 246 Abs. 1 (Verlangen des Aufsichtsrats auf Berichterstattung über Konzerngesellschaften), Art. VIII (Amtsbeendigung der derzeitigen Mitglieder der Aufsichtsräte und Einzelbestimmungen über Aufsichtsräte), Art. IX (einzelne Strafbestimmungen).

Man sieht aus dieser Darlegung, daß es sich um eine recht bunte Zusammenstellung von Vorschriften handelt und daß man recht zweifelhaft sein kann, ob, wenn man einmal nur einzelne Vorschriften im Wege der Notverordnung publizierte, es nicht richtiger gewesen wäre, einzelnes fortzulassen, anderes dagegen aus dem E. zu bringen.

An sich ist grundsätzlich gegen eine derartige Teil-Notverordnung alles das einzuwenden, was dauernd in den Diskussionen gegen eine Teilrevision des Aktienrechts eingewendet worden ist, wenn z. B. die radikalen Verfechter der Reform wünschten, daß zunächst lediglich ein Gesetz käme: Die Vorzugsaktien sind abgeschafft. Bei derartiger Gesetzgebung besteht die große Gefahr, daß man schwer beurteilen kann, ob man ein einzelnes Institut, eine einzelne Vorschrift so loslösen kann, daß das Ganze nicht gestört wird. An sich wäre daher begrifflich richtiger gewesen, auch mit der Teilreform zu warten. Hier ist aber zu bedenken, daß in dieser Zeit der äußersten wirtschaftlichen Not man sich auch über viel schlimmere Bedenken als diese hinwegsetzen muß. Wenn man glaubt, daß es zum Wohle des Ganzen ist und daß die Teilgesetzgebung dahin wirkt, unsere Gesellschaften solider zu machen und unsern Ruf und Kredit im Auslande zu stärken, dann bleibt nichts übrig, als alle diese Bedenken theoretischer Natur beiseite zu lassen. Für die Frage, was hierbei notwendig ist, scheint mir der E. im allgemeinen das Richtige getroffen zu haben. Praktisch unmittelbare Wirkung hat die Pflichtprüfung und die Vorschriften über die Offenlegung der Bilanzen; beide sind geeignet, den Aktionären ein erhöhtes Gefühl der Sicherheit zu geben. Ebenso hierzu sind geeignet die Vorschriften, die den Aufsichtsräten erhöhte Rechte auf Berichterstattung und Einberufung von Sitzungen geben, ebenso die Vorschriften, die es verbieten, Mitgliedern des Vorstandes Kredit ohne Zustimmung des Aufsichtsrats zu geben.

Weniger notwendig und vor allem weniger dringlich erscheinen mir die Vorschriften über die Beendigung des Amts der zur Zeit tätigen Aufsichtsratsmitglieder und die Beschränkung der Zahl der Aufsichtsratsstellen, die ein einzelner Aufsichtsrat haben darf. Ebenso hätten wohl die Vorschriften der §§ 226 und 227 Zeit bis zur endgültigen Revision des Aktienrechts gehabt.

Die Literatur zur Aktienreform ist unübersehbar. Es soll hier nur ein Teil derjenigen Schriften angeführt werden, die sich mit der Reform als Ganzes beschäftigen. Zunächst kommen in Betracht die Verhandlungen des 34. deutschen Juristentages in Köln und zwar Gutachten von Julius Lehmann, Berichte von Ernst Heymann, Solmssen, A. Pinner; dann Ludewig, Hauptprobleme der Reform des Aktienrechts; Brodmann, Die Sanierung unseres Aktienwesens; Homburger, Neugestaltung des Aktienrechts; Netter, Zur Reform des Aktienrechts; Welter, Erneuerung des Aktienrechts; die von Nußbaum herausgegebenen Gesellschaftsrechtlichen Abhandlungen; die Antworten auf die Fragen des Justizministeriums, besonders die des Deutschen Anwaltvereins; endlich die dem Enquête-Ausschuß erstatteten Gutachten von Flechtheim, Hachenburg, Geiler und Buchwald. In Betracht kommt ferner der vom Reichsjustizministerium veröffentlichte Entwurf eines Gesetzes über Aktiengesellschaften und Kommanditgesellschaften auf Aktien (hier zitiert E.) und erläuternde Bemerkungen hierzu (zit. Erl.), außerdem die Aufsätze, die Mitglieder des Ministeriums nach Herausgabe dieses Entwurfs in der JW. veröffentlicht haben und die als offiziöse ergänzende Begründung für das Gesetz anzusehen sind, Schlegelberger, Quassowski, Schmölder sowie Ullmann in JW. von 1930 S. 2617 ff.

Wenn im folgenden versucht wird, in die Bestimmungen der Verordnung einzuführen, so ist damit nicht beabsichtigt und kann es nicht sein, einen vollständigen Kommentar zu geben. Es soll nur zunächst in kurzem bei den einzelnen Bestimmungen dargelegt werden, wie sie entstanden sind, wie sie sich zu den bestehenden Vorschriften verhalten und im allgemeinen, was sie bedeuten.

I. Eigene Aktien.

Begriff und Einzelbestimmungen.

a) Im Mittelpunkt des Reformkampfes standen neben den Stimmrechtsaktien die eigenen Aktien der Gesellschaft, die sie als Verwaltungsaktien (Vorratsaktien oder Verwertungsaktien) besaß. Da die A.-G. selbst ihre Aktien nicht zeichnen konnte, so übernahmen Dritte (Bank, Konsortium) die Aktien, wobei die Gesellschaft ihnen den Betrag zur Verfügung stellte oder stundete. In den Erl. zum ersten E. (S. 119) ist über diese Frage folgendes gesagt:

„Daß die Schaffung solcher Aktien für Rechnung der Gesellschaft Gefahren für die Beteiligten begründet, liegt auf der Hand. Im Rechtssinne sind diese Aktien mit ihrer Überlassung an die übernehmenden Stellen ausgegeben. Es liegt also eine Aktienausgabe vor, durch die die A.-G. keinerlei neues Kapital erhalten hat. Ein Gegenwert fließt der Gesellschaft erst mit der Verwertung der Aktien durch die übernehmenden Stellen zu. Diese Verwertung erfolgt aber ohne jede Überwachung seitens der G.V. oder des Registergerichts, so daß die Möglichkeit einer mißbräuchlichen Verwendung der Aktien nicht von der Hand zu weisen ist. Aus diesem Grunde lehnt der E. es ab, solche für Rechnung der Gesellschaft übernommenen Aktien zuzulassen ....

Es ist aber nicht zweckmäßig, Maßnahmen im Sinne eines Verbots der Ausgabe solcher Aktien etwa unter Androhung der Nichtigkeit oder von Strafe zu treffen, vielmehr genügt es, daß den für Rechnung der Gesellschaft übernommenen Aktien als solchen die gesetzliche Anerkennung versagt wird."

Infolgedessen bestimmte der Entwurf § 41:

„Wer als Gründer oder Zeichner oder in Ausübung eines Bezugsrechts gemäß § 163 eine Aktie für Rechnung der Gesellschaft übernommen hat, kann sich nicht darauf berufen, daß er die Aktie nicht für eigene Rechnung übernommen hat. Er haftet ohne Rücksicht auf Vereinbarungen mit der Gesellschaft auf die volle Kapitaleinlage. Bevor diese geleistet ist, stehen ihm das Stimmrecht, Gewinnanteilrechte oder Bezugsrechte nicht zu."

Die V. hat diesen § 41 nicht übernommen, hat also grundsätzlich sich über die Frage der Geltung der Vorratsaktien, wenn sie von Dritten gezeichnet waren, nicht ausgesprochen. Der Grundsatz aber des § 41, daß der Zeichner nicht den Einwand habe, er habe die Aktien nicht für eigene Rechnung übernommen, ist bereits nach geltendem Rechte anerkannt (vgl. Staub-Pinner Anm. 25 zu § 189 und Anm. 12 zu § 182; ferner Quassowski in JW. 1930, 2619; DAV. Antworten I, 66).

b) Über das Stimmrecht von eigenen Aktien und von Dritten für Rechnung der Gesellschaft übernommenen Aktien bestimmt § 226 Ziff. 5 der V. Danach ruhen das Stimmrecht sowie der Anspruch aus Reingewinn aus eigenen Aktien, die der Gesellschaft oder einem andern für ihre Rechnung gehören; übrigens eine Bestimmung, die man für eigene Aktien auch nach geltendem Rechte schon annahm.

c) Ferner sind die eigenen Aktien erwähnt in § 260a Abs. 3 Nr. 2; sie sind im Geschäftsbericht anzugeben, ebenso ist über etwaige Veräußerung zu berichten (vgl. auch § 261 Abs. 1 Nr. 2; § 261a Abs. 1 Nr. IV, 5).

d) Neben den eigenen Aktien hat die V. noch Bestimmungen über Aktien abhängiger Gesellschaften. Die abhängige Gesellschaft ist definiert in § 226 Abs. 4 und zwar dahin, daß eine Handelsgesellschaft oder bürgerlich rechtliche Gesellschaft auf Grund von Beteiligungen oder sonstiger Weise unmittelbar oder mittelbar unter dem beherrschenden Einfluß einer A.-G. oder K.G.a.A. steht. Man brauchte früher hierfür den Ausdruck, daß man die Gesellschaft „kontrolliert".

Derartige abhängige Gesellschaften dürfen Aktien und Interimsscheine der herrschenden Gesellschaft nicht zeichnen. Tun sie es doch, so ist die Zeichnung nicht ungültig, wohl aber tritt unter Umständen Regreßpflicht ein. Ferner darf eine abhängige Gesellschaft Aktien der herrschenden Gesellschaft nur nach denselben Bestimmungen erwerben, wie die Gesellschaft ihre eigenen Aktien erwirbt.

Auch für abhängige Gesellschaften gilt nach § 246 Abs. 1 Satz 2 die Vorschrift, daß jedes Mitglied des Aufsichtsrats über die Beziehungen der Muttergesellschaft zu ihr Bericht verlangen kann (vgl. auch die Erwähnung in § 240a Abs. 1, § 260a Abs. 3 Satz 3; über Bilanzierung vgl. § 261a Abs. 1 Nr. IVg), vgl. hier IIe S. 20 und über Stimmrecht von Aktien, die abhängige Gesellschaften besitzen, IIb, S. 18 f.

e) Auch die „gebundenen Aktien", d. h. Aktien, bei denen der Aktionär durch ausdrückliche oder stillschweigende Vereinbarung zugunsten der Gesellschaft, einer abhängigen Gesellschaft oder einer Konzerngesellschaft in der Ausübung der Aktienrechte oder in der Veräußerung oder sonstigen Verfügung über die Aktien gebunden ist, gelten in gewisser Beziehung den eigenen Aktien gleich. Den Begriff kannte man schon bisher. Neu ist die Ausdehnung dahin, daß die Aktien gebunden sind, auch wenn eine Vereinbarung mit einer abhängigen oder einer Konzerngesellschaft getroffen ist. Die V. bestimmt, daß auch über diese im Geschäftsbericht Angaben zu machen sind (§ 260a Abs. 3 Nr. 3, vgl. auch § 260a Abs. 3 Satz 1).

Eine Beschränkung des Stimmrechts für diese gebundenen Aktien ist in der V. nicht enthalten (§ 226 Abs. 5 bezieht sich augenscheinlich nicht auf sie).

f) Stimmrechtsaktien kommen nur in § 261a Abs. 1, B, I als besonders im Passivum aufzuführen vor.

II. Erwerb der eigenen Aktien.

Der § 226 der V. ist grundsätzlich völlig verschieden von dem § 226 HGB. und auch von § 56 E, welch letzterer in den ersten beiden Abschnitten im wesentlichen sich an die Vorschriften des HGB. anschließt.

In der V. fällt zunächst die Bedingung des Ankaufs „im regelmäßigen Geschäftsbetrieb" fort, ein Begriff, den man nicht mit Bedauern scheiden sieht, weil jeder unter ihm etwas anderes verstanden hat (vgl. Staub-Pinner Anm. 2 zu § 226). Statt dessen ist eine Höchstgrenze der zu erwerbenden Aktien gesetzt und es sind besondere Bedingungen für den Erwerb aufgestellt.

Danach ist der Inhalt des nicht leicht zu verstehenden § 226 folgender:

a) Der frühere Unterschied zwischen eigenen Aktien (Sollvorschrift) und Interimsscheinen (Mußvorschrift) ist in anderer Form in

Abs. 1 und 3 insofern beibehalten, als der Erwerb von Interimsscheinen und nicht voll (Nennbetrag zuzüglich Agio) bezahlten Aktien nichtig ist, während der Erwerb voll bezahlter Aktien, gleichviel, ob sie entgegen der Vorschrift des § 226 erworben sind, wirksam bleibt.

b) Der Erwerb ist unter zwei Voraussetzungen gestattet.

1. Zulässig ist der Erwerb von Aktien und Interimsscheinen zur „Abwendung eines schweren Schadens", jedoch nur in Höhe von 10 v. H. des Grundkapitals. Die Worte „Abwendung schweren Schadens" sind vieldeutig; das Gericht wird bei seiner Entscheidung die gesamten wirtschaftlichen Verhältnisse, insbesondere auch die der A.-G., um die es sich handelt, zugrunde legen müssen. Es wird schwer sein, eine einheitliche Rechtsprechung hierbei zu erhalten, da die Verhältnisse der einzelnen Gesellschaften ja durchaus verschieden sind. Vor allem aber wird es für den Vorstand und Aufsichtsrat sehr schwer sein, selbst zu entscheiden, ob die Abwehr eines schweren Schadens vorliegt; nach § 227a haften sie aber, wenn entgegen den Vorschriften des § 226 Aktien erworben werden. Da Vorstand und Aufsichtsrat naturgemäß möglichst Geschäfte vermeiden werden, bei denen das Risiko eines Regresses für sie besteht, so wird schwerlich sehr viel von dieser Befugnis Gebrauch gemacht werden, auch wenn der Erwerb zu günstigen Chancen erfolgen könnte. Die Bestimmung eines Höchstbetrages von 10 v. H. ist so zu verstehen, daß, nachdem einmal eine Einziehung stattgefunden hat und das Kapital herabgesetzt ist, dann wieder von neuem ein Ankauf zur Ein-

ziehung bis zur Höhe von 10% des dann vorhandenen Kapitals erfolgen kann.

2. Erwerb von voll bezahlten Aktien im Wege einer Einkaufskommission.
3. Erwerb voll bezahlter Aktien bis zu 10% des Kapitals einschließlich des Besitzes an eigenen Aktien, den die Gesellschaft hat, zur Einziehung binnen 6 Monaten.

(Die Grenze von 10% kann von der Reichsregierung niedriger festgesetzt werden.)

Zu bemerken ist hierbei aber noch folgendes:

Nach dem Gesetz soll der Erwerb eigener Aktien zulässig sein, wenn sie „zur Einziehung" erworben werden. Liegt diese Absicht nachweislich vor und kann nachher die Einziehung nicht erfolgen, weil z. B. die Gen.Vers. (§ 227 Abs. 3) einen derartigen Beschluß ablehnt, dann kommt meiner Ansicht nach die Bestrafung aus § 227a nicht in Frage, denn der Umstand, daß die Gen.Vers. ablehnt, ist eine Tatsache, die nicht vom Willen der Verwaltung abhängt.

Aus den Vorschriften folgt, daß damit, soweit nicht Einkaufskommission oder Erwerb zur Einziehung vorliegt, der Erwerb von eigenen Aktien praktisch unterbunden ist; Verwertungsaktien, die sich die Gesellschaft z. B. für günstige Angliederungen reservieren will, Aktien zur Benutzung von Convertible Bonds, zu Kursregulierungen (letztere soweit der Erwerb nicht zur Einziehung binnen 6 Monaten erfolgt [§ 226 Abs. 1, Ziffer 2]) gehen, wenn nicht die Abwendung eines schweren Schadens vorliegt, praktisch auf Risiko von Vorstand und Aufsichtsrat. Ob diese radikale Regelung, die augenscheinlich durch die Verhältnisse der letzten Zeit hervorgerufen ist, im Interesse der Gesellschaft liegt, dürfte zweifelhaft sein.

d) Nicht verboten ist die Veräußerung erworbener voll bezahlter Aktien, auch wenn sie gegen die Vorschrift des § 226 erworben sind. Hierüber befindet sich eine ausdrückliche Bestimmung in der V. nicht; nur in § 260 Abs. 3 Nr. 2 ist auf die Veräußerung eigener Aktien hingewiesen. Sie war im übrigen auch bisher nicht streitig (Staub-Pinner Anm. 8 zu § 226). Es kann also z. B. die Gesellschaft, wenn sie Aktien zur Einziehung binnen sechs Monaten erworben hat und etwa ein sehr günstiger Verkauf der Aktien möglich ist, diese verkaufen; das Geschäft ist gültig, nur bleibt natürlich die Ersatzpflicht von Vorstand und Aufsichtsrat, die aber, wenn kein Schade vorhanden ist, fortfällt.

e) In Abs. 4 des § 226 ist der Begriff der eigenen Aktien erweitert. Auch abhängige Gesellschaften (über den Begriff vgl. oben S. 16) dürfen Aktien und Interimsscheine der herrschenden Gesellschaft nicht erwerben, sie dürfen auch diese Aktien nicht zeichnen. Die erste Bestimmung stand bereits im E. § 56 Abs. 3, nur daß dort die abhängigen Gesellschaften als Tochtergesellschaften bezeichnet waren. Die Erl. sagt hierzu folgendes:

> „Es würde eine Umgehung der Vorschrift bedeuten, wonach die A.-G. grundsätzlich eigene Aktien im regelmäßigen Geschäftsbetrieb weder erwerben noch als Pfand nehmen soll, wollte man den Erwerb von Aktien der Muttergesellschaft durch die Tochtergesellschaft zulassen. Der E. stellt daher den Erwerb der Aktien der Muttergesellschaft durch die Tochtergesellschaft dem Erwerb eigener Aktien gleich."

Es ist dies eine nachträgliche Rechtfertigung des von allen Seiten angegriffenen Standpunktes des RG.

108, 41 (vgl. Staub, Anm. 1 zu § 226) und von weittragender Bedeutung. Man abstrahiert von der rechtlichen Selbständigkeit der Tochtergesellschaften und sieht lediglich auf deren wirtschaftliche Einheit.

f) Das Stimmrecht ruht nicht nur gemäß Abs. 5 für eigene Aktien, sondern auch für die, die ein anderer für Rechnung der Gesellschaft hat. Über das Stimmrecht der abhängigen Gesellschaften ist nichts gesagt. Die Erl. (126) erklärt folgendes:

„Nicht für zweckmäßig ist es erachtet worden, das Verhältnis zwischen Mutter- und Tochtergesellschaft von Grund aus zu klären und gesetzlich zu regeln, die Entwicklung ist hier noch nicht abgeschlossen; weder sind die rechtlichen Fragen noch die wirtschaftlichen Probleme, zu denen das Verhältnis zwischen Mutter- und Tochtergesellschaft Anlaß gibt, genügend klargestellt, um die Grundlage für eine umfassende gesetzliche Regelung abzugeben. Der E. beschränkt sich vielmehr darauf, das Verhältnis zwischen Mutter- und Tochtergesellschaften in einzelnen Auswirkungen zu erfassen, indem da, wo es erforderlich erscheint, dem engen Zusammenhange zwischen Mutter- und Tochtergesellschaft Rechnung getragen wird.“

Da nun weder der E. noch die V. etwas über das Stimmrecht der Tochtergesellschaft (abhängige Gesellschaft) bestimmt hat, ist die alte Streitfrage unberührt geblieben. Man wird, solange eine ausdrückliche Vorschrift nicht besteht, an sich davon ausgehen müssen, daß abhängige Gesellschaften, die Aktien der herrschenden Gesellschaft besitzen, soweit sie die Aktien nicht für Rechnung der herrschenden Gesellschaft haben, in der Gen. Vers. der letzteren stimmen können (RG. 115, 253). Anders liegt die Frage bei Verträgen zwischen Mutter-

und Tochtergesellschaft (Staub-Pinner, Anm. 25 vorletzter Abs. zu § 252).

g) Es ist bereits erwähnt, daß im § 227a für Nichtbefolgung der Vorschriften des § 226 eine Regreßpflicht festgesetzt ist. Mitglieder des Vorstandes und Aufsichtsrat sind zum „Ersatz" verpflichtet. Das Wort „Ersatz", das auch im HGB. gebraucht ist, gilt gleich Schadensersatz (vgl. Staub-Pinner, Anm. 9 zu § 241). Durch die Heranziehung des § 241 Abs. 4 und 5 ist vorgesehen, daß der Ersatzanspruch auch von den Gläubigern geltend gemacht werden kann und daß diesen gegenüber weder ein Verzicht der Gesellschaft noch der Umstand, daß die Handlung auf einem Beschluß der Gen.Vers. beruht, entlastend wirkt und daß die Ansprüche in 5 Jahren verjähren. Daneben besteht die allgemeine Sorgfaltspflicht mit Haftung aus §§ 241 und 249 HGB.

h) In Art. XI ist bestimmt, daß die Frist von 6 Monaten, innerhalb deren die vor dem 1. Oktober 1931 erworbenen Aktien eingezogen werden, mit dem Inkrafttreten dieses Teils, also mit dem 1. Oktober, beginnt.

III. Einziehung.

a) Der § 227 des E. ist im Wortlaut von dem § 227 HGB. unterschieden, steht aber grundsätzlich auf demselben Standpunkte; bereits der E. in § 57 hatte die jetzt in etwas anderer Form gefaßten Vorschriften. Die Erl. (127) sagt:

„Die Vorschrift des geltenden Rechts über die Einziehung von Aktien hat eine Reihe von Streitfragen offen gelassen, die der E. zu lösen sucht.

So ordnet § 57 an, daß nach durchgeführter Einziehung das Grundkapital um den Nennbetrag der eingezogenen Aktien zu ermäßigen ist. Es wird ferner zum Schutz der Gläubiger vorgeschrieben, daß bei Einziehung der Aktien aus dem Reingewinn unter die Passiven ein dem Nennbetrag der eingezogenen Aktien gleichkommender Betrag als Reserve einzustellen ist, die nur nach den Vorschriften über die Kapitalherabsetzung ganz oder teilweise aufgelöst werden darf."

Auch die V. enthält diese beiden Vorschriften. Die erstere, daß der Betrag der eingezogenen Aktien in jedem Falle vom Grundkapital abzuschreiben ist, ist im geltenden Recht sehr bestritten (vgl. Anm. 7 zu § 127 Staub-Pinner), ebenso die letzten Vorschriften, die in der V. noch weiter ausgebildet sind, daß ein Reservefonds unter die Passiven der Jahresbilanz zu stellen ist, und zwar bei unentgeltlichem Erwerb und bei Erwerb aus dem Reingewinn ein dem Nennbetrag gleicher Betrag, im Falle der Einziehung von der Gesellschaft erworbener Aktien ein Betrag, der dem aus der Einziehung erzielten buchmäßigen Gewinn gleich ist.

b) Man begründet diese Stellung des Reservefonds damit, daß die Herabschreibung des Grundkapitals, die die notwendige Folge jeder Einziehung von Aktien ist, die Bindung des Gesellschaftsvermögens in Höhe des abgeschriebenen Betrages aufhebt, auch wenn die Einziehung zu Lasten des Gewinnes erfolgt. Es mußte daher, um das Kapital trotz der Abschreibung zu binden, eine Einziehungsreserve geschaffen werden (Ullmann in JW. 1930, 2636). Zu bemerken ist hierbei, daß durch die Vorschrift eine neue besondere Reserve geschaffen wird. Bisher kannte man gesetzliche Reserve, die nur aufgelöst werden durfte zu dem nach dem Gesetze (§ 262) bestimmten Zweck (vgl. Anm. 24 Staub-Pinner zu § 262), und freiwillige Reserve, die frei umgewandelt werden konnte (vgl. Anm. 35 Staub-Pinner zu § 262). Jetzt wird ein neuer gesetzlicher Reservefonds gebildet, der nicht den Zwecken des gesetzlichen Reservefonds aus § 262 dient, der aber auch nicht frei auflösbar ist, sondern nur unter Beobachtung der Vorschriften des § 289 (Gläubiger-Schutz-Vorschriften).

c) Im übrigen teilt der § 227 V. die Einziehung in zwangsweise oder solche, von der Aktien, die von der Gesellschaft erworben sind, betroffen werden. Erstere ist — wie bisher — nur bei Gestattung im Gesellschaftsvertrage zulässig. Dagegen kann die Gesellschaft Aktien, die sie besitzt, einziehen, auch wenn dies nicht im Gesellschaftsvertrage steht. Letzteres dürfte aus Satz 2 des Abs. 1 durch Rückschluß hervorgehen (vgl. das Wort „Zwangseinziehung"). In Änderung der Vorschriften des HGB. wird dann bestimmt, daß im allgemeinen die Einziehung nur im Wege der Kapitalherabsetzung erfolgen kann, also insbesondere unter Beobachtung der Gläubiger-Schutz-Vorschriften. Drei Fälle sind hiervon ausgenommen: erstens, wenn die Aktien unentgeltlich der Gesellschaft zur Verfügung gestellt waren, also wohl meist von Aktionären, die die Gesellschaft stützen wollen, dann zweitens, wenn — wie bisher — die Einziehung erfolgt zu Lasten des nach der jährlichen Bilanz verfügbaren Gewinnes oder, was neu bestimmt ist, zu Lasten eines Reservefonds erfolgt, und endlich drittens, wenn von der Gesellschaft in den letzten sechs Monaten im Gesamtbetrage von höchstens 10% des Kapitals erworbene Aktien eingezogen werden. Praktisch ist insbesondere die letzte Bestimmung von Wichtigkeit. Jede Gesellschaft kann daher jetzt bis 10% ihrer Aktien erwerben mit der Absicht, sie innerhalb sechs Monaten einzuziehen, und sie kann letzteres tun ohne die lästigen Formen der Kapitalherabsetzung, wobei allerdings zu bemerken ist, daß in diesem Falle in Abs. 4 eine eingeschränkte Gläubigerschutzvorschrift zu beachten ist. Gläubigern, deren Forderungen vor der Bekanntmachung der Eintragung des Beschlusses in das Handelsregister begründet sind und die sich innerhalb von drei Monaten nach der Bekanntmachung der Eintragung melden, ist Sicherheit zu leisten, soweit sie nicht Befriedigung verlangen können. Dies unterscheidet sich von § 289 sehr wesentlich dadurch, daß die Gesellschaft nicht verpflichtet ist, Aufforderungen an die bekannten oder unbekannten Gläubiger zu erlassen, daß also insbesondere keine öffentliche Bekanntmachung oder Aufforderung an die Gläubiger zu erfolgen hat; es müssen nur die Gläubiger, die sich innerhalb dreier Monate melden, sichergestellt oder befriedigt werden. Die Frist beginnt mit der Bekanntmachung der Eintragung des Beschlusses auf Einziehung in das Handelsregister.

d) Im übrigen ist in Abs. 3 das Verfahren vorgeschrieben, das erfolgt, wenn keine Kapitalherabsetzung nötig ist; Voraussetzung ist ein Beschluß der Gen.Vers., außer wenn die Zwangseinziehung im Gesellschaftsvertrage vorgeschrieben ist, Beschlüsse mit einfacher Mehrheit, soweit der Gesellschaftsvertrag nicht weitere Erfordernisse aufstellt, vorherige Ankündigung und Anmeldung zur Eintragung in das Handelsregister.

e) Der § 227 ist durch das Bestreben geleitet, den Gesellschaften die Einziehung ihrer Aktien zu erleichtern. Beschränkt ist diese Möglichkeit einerseits dadurch, daß innerhalb sechs Monaten nach Erwerb die Einziehung erfolgen muß und durch die Höchstgrenze von 10%, die allerdings von der Reichsregierung noch heruntergesetzt werden kann.

f) Die Vorschriften des § 227a gelten bei Verletzung des § 227 ebenfalls, also Ersatzpflicht, wobei dasselbe, was zu § 226 (II g) ausgeführt ist, gilt.

g) In Art. XI ist bestimmt, daß Aktien, die die Gesellschaft beim Inkrafttreten, also am 1. Oktober 1931, besitzt, noch bis zum Ablauf von sechs Monaten von diesem Tage an nach § 227 Abs. 3 Nr. 3 eingezogen werden können. Da hier die Beschränkung auf 10% des Grundkapitals nicht ausgesprochen ist, können innerhalb sechs Monaten nach dem 1. Oktober 1931 alle eigenen Aktien, die die Gesellschaft besitzt, selbst wenn sie mehr als 10% des Grundkapitals betragen, in der vereinfachten Form eingezogen werden.

IV. Aufsichtsrat.

Die V. enthält eine große Reihe von Bestimmungen über den Aufsichtsrat, ohne aber eine grundlegende Regelung dieses Instituts eintreten zu lassen. Dies ist nicht unbedenklich. In Erl. (S. 100) geht der Gesetzgeber davon aus, daß der Erwägung Rechnung getragen werden müsse, daß der § 246 Abs. 1 HGB. in seiner jetzigen Fassung dem Aufsichtsrat praktisch undurchführbare Überwachungspflichten auferlegt. Er hat infolgedessen im § 79 des E. eine neue Fassung des § 246 gewählt. Der Aufsichtsrat soll nicht mehr wie bisher „die Geschäftsführung der Gesellschaft in allen Zweigen der Verwaltung überwachen“, sondern es ist lediglich gesagt, daß er „die Geschäftsführung zu überwachen hat“. Dies soll nach der Erl. eine Erleichterung der Kontrollpflichten des Aufsichtsrats bedeuten. Dieser § 79 aber ist von der V. nicht übernommen. Es bleibt also bei den, wie der Gesetzgeber zugibt, praktisch undurchführbaren Überwachungspflichten des Aufsichtsrats. Nun ist aber außerdem diese Überwachungspflicht durch die Bestimmungen der V. wesentlich verstärkt. Der Überwachung und Prüfung des Aufsichtsrats unterliegt nicht nur — wie bisher — die Bilanz, sondern auch der Bericht der Bilanzprüfer, und während im E. in § 122 bestimmt ist, daß der Bericht dem Vorstand und durch diesen dem Aufsichtsrat vorzulegen ist, bestimmt die V. in § 262e Abs. 2, was ja sachlich kaum einen Unterschied gegen die frühere Vorschrift bedeutet, aber doch beweist, daß die Prüfung durch den Aufsichtsrat als sehr wesentlich angesehen wird, daß der Bericht dem Aufsichtsrat vorzulegen ist, und in Abs. 3, daß der Aufsichtsrat zu dem Bericht „Stellung“ zu nehmen hat; insbesondere hat er mitzuteilen, ob die Prüfung nach ihrem abschließenden Ergebnis zu wesentlichen Beanstandungen Anlaß gegeben hat oder nicht.

Ich habe bereits in einem Aufsatze in der JW. 1930, 3679 meine Bedenken dahin geltend gemacht, daß diese selbständige Prüfungspflicht des Aufsichtsrats gegenüber dem Bericht des Buchprüfers (vgl. Schmölder JW. 1930, 2626) bei vorsichtigen Aufsichtsräten dazu führen wird und führen kann, daß sie daneben noch durch eine andere Gesellschaft oder andere Prüfer eine besondere Prüfung vornehmen lassen, wenn sie der Person des von der Generalversammlung gewählten Prüfers nicht trauen, damit sie mit gutem Gewissen feststellen können, ob gegen die Prüfung des Pflichtprüfers etwas einzuwenden ist. Dies führt zu ganz unnötigen doppelten Revisionen. Durch die V., die nicht einmal die allgemeine Herabsetzung der Kontrollpflicht des Aufsichtsrats aus dem E. genommen hat, werden meine Bedenken nur verstärkt.

Im einzelnen ist zu bemerken:

a) § 293a bestimmt, daß der Vorstand in regelmäßigen, mindestens vierteljährlichen, Zwischenräumen dem Aufsichtsrat mündlich oder schriftlich Bericht zu erstatten hat. Diese Vorschrift war bereits in § 70 E. enthalten. Sie bezweckt einerseits die Pflicht des Vorstandes dem Aufsichtsrat gegenüber auf Berichterstattung, andererseits, da jedes Mitglied des Aufsichtsrats den Bericht, wenn er schriftlich erteilt wird, einsehen kann, dem einzelnen Mitglied des Aufsichtsrats Gelegenheit zu geben, sich zu informieren. Da das Recht nur auf Einsicht geht, kann Abschrift des schriftlichen Berichts nicht verlangt werden.

b) Nach § 240a können Mitglieder des Vorstandes Kredit und unberechtigte Entnahmen nur mit Zustimmung des Aufsichtsrats gewährt erhalten. Merkwürdigerweise ist hierbei die Vorschrift des § 83 des E., daß dies Verbot sich auch auf Mitglieder des Aufsichtsrats erstreckt, nicht übernommen worden, obgleich die Erl. mit Recht sagt, daß sich Mißstände in der Praxis bei der Gewährung von Krediten an die Mitglieder der Verwaltungen ergeben haben. Es sind genügend Fälle bekannt, in denen die Mißstände auch durch Darlehnshingabe an Mitglieder des Aufsichtsrats verursacht sind (vgl. auch Schmölder, JW. 1930, 2627).

Sehr wichtig ist die Bestimmung, daß die Vorschriften auch für Kredite zugunsten der Ehegatten oder minderjährigen Kinder oder zugunsten eines Dritten für Rechnung des Vorstandsmitgliedes gelten und das gleiche auch für Kredite an gesetzliche Vertreter eines abhängigen Unternehmens oder eines Unternehmens, von dem die kreditgewährende Gesellschaft abhängt, gilt. Damit ist eine gewisse Sicherung gegen unzulässige Schiebungen gegeben. Es besteht auch hier die Haftung der Mitglieder des Vorstandes und des Aufsichtsrats und wird in dieser Beziehung auf die Erl. zu § 226 (IIg) verwiesen.

Das Wort „ausdrücklich" Abs. 1 Satz 1 weist darauf hin, daß Wissen des Aufsichtsrats und stillschweigendes Geschehenlassen nicht genügt, um Darlehne gültig zu machen.

Ein Geschäft, wie es § 240a voraussetzt, das der Vorstand ohne Genehmigung des Aufsichtsrats abschließt, ist ungültig. Das Gesetz sagt „Der Vorstand darf nur mit Genehmigung des Aufsichtsrats abschließen". Damit liegt eine gesetzliche Beschränkung des Vorstandes vor, ähnlich der im § 207 oder §§ 303 ff. § 235 kommt nicht zur Anwendung, da dessen Vorschrift in Abs. 2, daß Dritten gegenüber eine Beschränkung der Vertretungsbefugnis unwirksam ist, das Geschäft also Dritten gegenüber gültig bleibt, sich nach Abs. 1 nur auf Beschränkung im Gesellschaftsvertrage oder durch Gen.-Vers.Beschlüsse bezieht (vgl. Staub-Pinner Anm. 10 Abs. 1 zu § 235); ferner weil der Vorstand kein Dritter ist.

Die Form „darf nicht" ist für das HGB. ungewöhnlich und es wäre richtiger gewesen, wie im § 207 zu sagen: „Die Verträge bedürfen zu ihrer Wirksamkeit usw." oder wie in §§ 205, 270, 303: „Verträge sind nur zulässig, wenn usw.", aber auch trotzdem ist der Sinn unzweifelhaft.

Die in Abs. 4, 5 und 6 vorgesehene Schadensersatzpflicht hat mit der Frage der Gültigkeit an sich nichts zu tun. Die Gewährung des Kredits macht ersatzpflichtig, gleichviel, ob das Geschäft gültig ist oder nicht (ähnlich ist im § 207 eine Schadensersatzpflicht bei und trotz Nichtigkeit des Geschäfts vorgeschrieben).

c) § 244a. In § 77 des E. war bestimmt, daß jedes Mitglied des Aufsichtsrats berechtigt ist, unter Angabe des Zweckes und der Gründe zu verlangen, daß der Vorsitzende unverzüglich den Aufsichtsrat beruft und daß, wenn dem Verlangen nicht entsprochen wird, das Mitglied den Aufsichtsrat selbst berufen kann. In § 244a der V. ist dies ohne augenscheinlich zwingenden Grund dahin geändert worden, daß, wenn der Vorsitzende den Aufsichtsrat nicht beruft, die direkte Einberufung des Aufsichtsrats nur von zwei Mitgliedern geschehen kann. Danach hat das Ersuchen des einen Mitgliedes an den Vorsitzenden also augenscheinlich keinen praktischen Zweck, wenn man nicht davon ausgeht, daß der Vorsitzende des Aufsichtsrats durch Klage zur Erfüllung seiner Pflicht gezwungen werden kann, was immerhin zweifelhaft sein dürfte, außerdem wegen der Langwierigkeit des Verfahrens seinen Zweck vollständig verfehlen würde. Nach der bisherigen Praxis versuchte man mit § 37 BGB. durchzukommen und dadurch jedes Mitglied zu ermächtigen, die Sitzung einzuberufen (vgl. Staub-Pinner Anm. 14 zu § 246 zu d). Bei näherer Überlegung aber muß man davon ausgehen, daß § 37 keine Anwendung finden kann und daß man nur vielleicht aus allgemeinen Grundsätzen, weil dem, der ein Recht hat, auch die Möglichkeit, dies Recht durchzusetzen, gelassen werden muß, auch dem einzelnen Aufsichtsrat das Recht der Einladung geben kann. Die Frage ist jetzt, soweit zwei Aufsichtsräte es beantragen, gelöst; aber man wird auch aus der Verordnung folgern müssen, daß daneben ein Recht des einzelnen auf direkte Einladung nicht besteht.

Aus Abs. 3, der für den Fall des offenbaren Mißbrauchs die Kosten dem auferlegt, der die Einberufung veranlaßt hat, geht hervor, daß der Vorsitzende sachlich die Frage, ob die Sitzung des Aufsichtsrats notwendig oder vorteilhaft ist, nicht zu prüfen hat. Er muß berufen, selbst wenn das Verlangen einen Mißbrauch darstellt, nur kann in diesem Falle von der Kostenbestimmung Gebrauch gemacht werden. Zu bemerken ist, daß in dieser Vorschrift zum ersten Male im Gesetz der Vorsitzende des Aufsichtsrats erwähnt ist (Staub-Pinner Anm. 14a zu § 246).

d) § 246 Satz 2 Abs. 1:

Hier ist bestimmt, daß die Berichte an den Aufsichtsrat, die im § 246 vorgeschrieben sind, sich auch auf Konzerngesellschaften und abhängige Gesellschaften auf Verlangen des Aufsichtsrats erstrecken. Ferner ist die wichtige Bestimmung getroffen, daß das Recht auf Berichterstattung den einzelnen Mitgliedern des Aufsichtsrats allerdings nur derart zusteht, daß die Berichterstattung an den Aufsichtsrat als solchen erfolgt. Lehnt der Vorstand die Berichterstattung ab, so kann der Bericht nur verlangt werden, wenn das Verlangen mindestens von einem andern Mitglied, evtl. bei größeren Aufsichtsräten von noch zwei Mitgliedern, unterstützt wird. Eine derartige Beschränkung fand sich im bisherigen Gesetz nicht; sie konnte auch nicht gut dort enthalten sein, da das bisherige Recht davon ausgeht, daß nur der Aufsichtsrat als solcher Rechte hat und nicht das einzelne Aufsichtsratsmitglied (vgl. Staub-Pinner Anm. 1 zu § 246). Jetzt wird dies Recht, Bericht zu fordern, auch auf einzelne Mitglieder des Aufsichtsrats ausgedehnt. Immerhin muß ein einzelnes Mitglied, wenn sich nicht ein anderes anschließt, danach sich mit der Erklärung, daß Bericht nicht gegeben wird, bescheiden. Ist es nicht in der Lage, sich so zu informieren, wie es pflichtgemäß zur Prüfung — etwa der Bilanz — nötig ist, so bleibt ihm nichts übrig als der Austritt.

Die jetzige Fassung ist augenscheinlich gewählt, weil man einen Ausgleich schaffen wollte zwischen dem berechtigten Verlangen der einzelnen Aufsichtsratsmitglieder, sich Informationen zu verschaffen, und der Gefahr einer unbeschränkten Offenbarungspflicht gegenüber jedem Aufsichtsratsmitglied (vgl. Schmölder, JW. 1930, 2627).

e) In § 260a Nr. 6 ist bestimmt, daß die Gesamtbezüge der Mitglieder des Aufsichtsrats aus dem Geschäftsbericht hervorgehen müssen. Man will auf diese Weise die Gewährung einer zu hohen Vergütung an Aufsichtsratsmitglieder erschweren.

f) § 262b enthält die Vorschriften, wonach die Wahl der Bilanzprüfer auch durch den Aufsichtsrat beanstandet werden kann, und in § 262c ist bestimmt, daß Aufsichtsratsmitglieder nicht Bilanzprüfer sein dürfen. Endlich steht, wie bereits erwähnt, im § 262e die Bestimmung, daß der Bericht der Prüfer an den Aufsichtsrat geht, der Stellung zu nehmen und Auskunft darüber zu erteilen hat, ob die

Prüfung nach ihrem abschließenden Ergebnis zu wesentlichen Beanstandungen Anlaß gegeben hat.

g) Nach § 266 Abs. 1 können bei Bestellung von Prüfern zur Prüfung von Vorgängen bei der Gründung oder der Geschäftsführung Mitglieder des Vorstandes und Aufsichtsrats nicht mitstimmen, wenn die Prüfung sich auf Vorgänge erstrecken soll, die mit der dem Vorstand oder dem Aufsichtsrat zu erteilenden Entlastung oder einem mit ihnen zu führenden Rechtsstreite in Zusammenhang stehen. Diese Bestimmung war in dem bisherigen § 266 nicht enthalten, sie widerspricht auch der bisherigen Praxis (vgl. Staub-Pinner Anm. 1 zu § 266). Die Fassung entspricht bis auf gewisse Änderungen dem E. § 129. Ich habe in JW. 1930, 3679, darauf hingewiesen, daß, wenn der Ausschluß des Stimmrechts daran geknüpft wird, daß die Prüfung sich auf die Entlastung erstrecken soll, eigentlich in allen Fällen Vorstand und Aufsichtsrat nicht mitstimmen dürften, was unbillig sei. Dies ist jetzt dahin geändert, daß sie nicht mitstimmen dürfen, wenn die Prüfung sich auf Vorgänge erstrecken soll, die mit der Entlastung im Zusammenhang stehen. Wenn auch nicht vollkommen dem Bedenken Genüge getan ist, so ist diese Fassung jedenfalls eine Verbesserung, weil „Vorgänge" etwas Positives ist und jedenfalls generell die Stimmenthaltung nicht vorgeschrieben ist.

h) Ganz neue Vorschriften enthält der Art. VIII und zwar solche, die auch im E. nicht enthalten waren. Man hat sich insbesondere nach den Erfahrungen der letzten Zeit daran gewöhnt, den Aufsichtsrat mit oder wenigstens in erster Linie für die Zusammenbrüche der Gesellschaften verantwortlich zu machen, wobei man

m. E. zu weit gegangen ist und vergessen hat, wie sich insbesondere bei mittleren und kleineren Gesellschaften der Aufsichtsrat bewährt hat. Die definitive Regelung vorwegnehmend, hat man einige Punkte in der V. geordnet, um besonderen angeblichen Mißständen entgegenzutreten, ferner hat man den Gesellschaften Gelegenheit geben wollen, sich ihrer bisherigen Aufsichtsratsmitglieder zu entledigen. Es sind zwei Arten von Bestimmungen, die in Art. VIII enthalten sind.

1. Zunächst Bestimmungen, die die jetzt amtierenden Mitglieder des Aufsichtsrats der Gesellschaften betreffen. In dieser Beziehung ist bestimmt, daß die Vorschriften des Gesellschaftsvertrages über die Zusammensetzung und Bestellung des Aufsichtsrats und über die Vergütung der Mitglieder des Aufsichtsrats mit Beendigung der ersten ordentlichen Gen.Vers., d. h. der Gen.Vers., die über den Abschluß des am 1. Okt. 31 laufenden Geschäftsjahres abgehalten wird, außer Kraft treten. Dies bedeutet, daß auf Grund der gesetzlichen Bestimmung ohne weitere Anträge oder Beschlüsse der Generalversammlung die fraglichen Bestimmungen als nicht mehr vorhanden gelten. Es liegt also eine gesetzliche Statutenänderung vor, von der man wird annehmen müssen, daß der Vorstand verpflichtet ist, sie anzumelden und zur Eintragung zu bringen etwa in der Weise „§ X der Satzung ist aufgehoben".

An Stelle dieser aufgehobenen Bestimmungen soll diese Generalversammlung, also die ordentliche Gen.-Vers. für das am 1. Okt. 1931 laufende Geschäftsjahr, neue Bestimmungen mit einfacher Stimmenmehrheit treffen. Daraus geht hervor, daß, wenn in dieser Gen.Vers. die Bestimmungen nicht getroffen werden, die allgemeinen Vorschriften wieder in Kraft treten, nach denen Satzungsänderungen, denn um solche handelt es sich, nur mit der Mehrheit des § 275 Abs. 1 getroffen werden können. Wenn also die bezeichnete erste ordentliche Gen.Vers. keine Beschlüsse faßt, dann gelten zunächst die Vorschriften über Zusammensetzung und Bestellung des Aufsichtsrats und dessen Vergütung, wie bereits bemerkt, als aufgehoben. Da nichts Neues bestimmt ist, treten die gesetzlichen Bestimmungen an die Stelle; der Aufsichtsrat besteht dann also gemäß § 243 Abs. 1 aus drei von der Gen.Vers. zu wählenden Mitgliedern. Will eine neue Generalversammlung dies ändern, so muß sie dies mit der Mehrheit des § 275 Abs. 1 tun.

Was die Vergütung betrifft, so wird man, wenn keine Satzungsänderung erfolgt, nach der bisherigen Praxis annehmen müssen, daß im Zweifel der Aufsichtsrat unentgeltlich sein Amt ausübt (vgl. Staub-Pinner Anm. 3 zu § 245).

Des ferneren ist bestimmt, daß mit derselben Gen.-Vers. auch das Amt der gewählten Mitglieder des Aufsichtsrats erlischt. Der Ausdruck „gewählt" zeigt, daß sich diese Bestimmung nicht auf die Betriebsratsmitglieder erstreckt. Es handelt sich um keine Niederlegung, sondern um ein durch das Gesetz vorgeschriebenes Erlöschen, so daß ohne jede Erklärung das Amt des Aufsichtsrats erlischt. Der Vorstand hat für die Neuwahl zu sorgen, sonst macht er sich nach § 315 Abs. 1 strafbar.

2. Eine zweite Gruppe der Vorschriften Abs. 3 und 4 ist von bleibender Bedeutung für die Gesellschaften. Zunächst darf die Gesamtzahl der Mitglieder des Aufsichtsrats nach der Neuwahl nicht mehr

als 30 betragen. Wählt die Gen.Vers. trotz dieser Vorschrift mehr als 30 Aufsichtsratsmitglieder, so wird man annehmen müssen, daß die gesamte Wahl nichtig und ein Aufsichtsrat überhaupt nicht gewählt ist. Auch dann tritt für den Vorstand, wenn er nicht die Wahl gemäß der V. in die Wege leitet, die nach dem Gesetz vorgesehene Strafe ein, da er dafür zu sorgen hat, daß ein richtiger Aufsichtsrat zustande kommt. Für die Person der Aufsichtsräte ist bestimmt, daß niemand mehr als in 20 Aktiengesellschaften oder Kommanditgesellschaften a. Aktien Mitglied des Aufsichtsrats sein kann. Die Zahl der Aufsichtsratsstellen in GmbH's, bei denen ja die Wahl des Aufsichtsrats fakultativ ist, wird nicht mit berechnet. Wird ein Aufsichtsrat gewählt, der schon 20 Aufsichtsratsstellen in sich vereinigt, so ist seine Wahl von Gesetzes wegen nichtig; sie hat keine Wirkung, so daß es einer Anfechtung nicht bedarf (vgl. Anm. 4 zu § 243, Anm. 10 zu § 231 Staub-Pinner HGB.). Diese Vorschrift kann zu Schwierigkeiten führen. Wenn z. B. jemand, der 19 Aufsichtsratsstellen hat, seine 20. niederlegt, wie er glaubt aus wichtigem Grunde, die Gesellschaft erkennt sein Niederlegungsrecht nicht an (Staub-Pinner Anm. 10 zu § 243), so wird es evtl. von einem Prozesse, der lange Zeit dauern kann, abhängen, ob festgestellt wird, daß er noch Aufsichtsrat ist oder nicht. Wenn er nun im Vertrauen auf seine Ansicht, daß er aus dem 20. Aufsichtsrat ausgeschieden ist, ein neues Amt annimmt und vielleicht nach Monaten oder Jahren festgestellt wird, daß er zu Unrecht aus dem früheren Aufsichtsrat ausgeschieden, also noch Aufsichtsratsmitglied ist, dann ist seine Wahl als neues Aufsichtsratsmitglied sicherlich nichtig, da Art. VIII Nr. 4 es lediglich auf die Tatsache abstellt und nicht auf den guten Glauben. Dritten Gutgläubigen gegenüber wird er aber als Aufsichtsrat der Gesellschaft gelten, ebenso sind seine Handlungen gegenüber der Gesellschaft die eines ordnungsgemäßen Aufsichtsrats (Staub-Pinner Anm. 14 zu § 243 Anm. 2 zu § 244).

Findet die Neuwahl vor Ablauf eines Jahres nach der Eintragung der Gesellschaft statt (§ 243 Abs. 2), so gilt der so gewählte Aufsichtsrat immer noch als erster (Staub-Pinner § 243 Anm. 5).

Über die Frage, wann die Änderungen, die in Art. VIII bestimmt sind, vorzunehmen sind, ist folgendes anzuführen. Tendenz des Artikels ist, daß mit der ordentlichen Gen.Vers. für dasjenige Geschäftsjahr, das am 1. Oktober 1931 läuft, die Gesellschaften frei werden von allen bisherigen Aufsichtsratsmitgliedern und frei von den Bestimmungen der Satzungen über den Aufsichtsrat. Die Neuwahl findet in dieser ordentlichen Generalversammlung statt, ebenso sind — wie oben bemerkt — die bezüglichen Beschlüsse der Generalversammlung zu fassen. Zu der Bestimmung in Abs. 3, daß die Gesamtzahl der Mitglieder eines Aufsichtsrats nicht mehr als 30 betragen darf, ist zu bemerken, daß Gesellschaften, die einen Aufsichtsrat von mehr als 30 Mitgliedern haben, bis zu der bezeichneten Gen.Vers. diesen behalten können, weil in Abs. 3 ausdrücklich gesagt ist, daß nach der Neuwahl die Höchstzahl eintritt.

Die Zahl 30 ist hier einschließlich der Betriebsratsmitglieder, die in den Aufsichtsrat entsandt sind, zu verstehen, denn hier ist im Gegensatz zu Abs. 2 nur von „Mitgliedern des Aufsichtsrats" die Rede.

Zu Abs. 4, nach welchem niemand mehr als 20 Aufsichtsratsstellen haben darf, ist zu bemerken, daß nach der Fassung „kann nicht gewählt werden" klar ist, daß zunächst jeder seine bisherigen Aufsichtsratsstellen behält, auch wenn es über 20 sind, daß aber bei der Wahl in den ordentlichen Generalversammlungen der einzelnen Gesellschaften der Betreffende sich zu entscheiden hat, welche Wahl er annimmt. Hat er 20 angenommen, so darf er weitere nicht mehr annehmen.

V. Offenlegungspflicht.
(Geschäftsbericht und Bilanz.)

Die Vorschriften, die in Art. V der V. enthalten sind und die der §§ 260 bis 261 HGB. ergänzen, sind zusammen mit den folgenden Bestimmungen über die Pflichtprüfung in Art. VI ein Hauptstück der Reform. Sie waren im wesentlichen bereits im E. enthalten und sind nur in wenigen Punkten geändert. Wenn man sich zu einer Notverordnung entschloß, so waren es gerade diese beiden Punkte, die in die Notverordnung hineingehörten (vgl. Einf. S. 12), denn wie die Erl. (S. 95) mit Recht sagt: „Der E. erblickt in einer erheblich gesteigerten Offenlegungspflicht eine Vorbedingung für die Wiederherstellung und Festigung des Vertrauens. Er verstärkt die Auskunftsrechte der Aktionäre in der Gen.Vers. und die Pflichtmitteilungen des vom Vorstand zu erstattenden Geschäftsberichts, er verlangt für die Bilanzen möglichste Klarheit und schreibt ihre regelmäßige Prüfung durch unabhängige Prüfer vor."

A. Geschäftsbericht.

a) Von diesen hier hervorgehobenen Mitteln ist die Vorschrift über die Auskunftsrechte der Aktionäre in der Gen.Vers. (E. §§ 86, 87) nicht mit in die V. aufgenommen, so daß der durch die Entsch. des RG. 82, 182 geschaffene unbefriedigende Zustand (vgl. Staub-Pinner Anm. 20 zu § 260) bleibt.

b) Sowohl die Vorschriften über Geschäftsbericht und Bilanz aber und über Pflichtprüfung sind aufgenommen. Über erstere sagt die Erl. (108):

„In ihrer gegenwärtigen Gestalt ist sie (sc. die Offenlegungspflicht) unzulänglich. Bekannt ist die weitgehende Offenlegung, die in Amerika geübt wird. England hat neuerdings die Offenlegung auf dem Gebiete des Aktienwesens gesetzlich umgeschaltet und Deutschland muß schon im Interesse des eigenen Kredits folgen, wenn auch nicht zu verkennen ist, daß bei uns außerordentliche Schwierigkeiten zu überwinden sind, die sich namentlich aus der politischen und wirtschaftlichen Gesamtlage ergeben.

Die Prüfung der Frage, in welcher Richtung sich die Ausgestaltung der Offenlegungspflicht zu bewegen haben wird, hat ergeben, daß es nicht zweckmäßig wäre, etwa in Anlehnung an das englische Aktienrecht eine besondere Bekanntmachungspflicht beim öffentlichen Angebot von Aktien, insbesondere einen Prospektzwang, einzuführen. Die Verhältnisse liegen in Deutschland anders als in England. . . .

Auch die Schaffung neuartiger Offenlegungsmittel, wie die Einführung einer gesetzlichen Verpflichtung zur Auskunftserteilung außerhalb der Gen.Vers. sind nicht vorgeschlagen. . . .

Im übrigen besteht die Möglichkeit, im Gesellschaftsvertrage ein Auskunftsrecht außerhalb der Gen.Vers. vorzusehen.

Hiernach war es Aufgabe des Entwurfs, die vorhandenen Auskunftsmittel auszugestalten und wirksam zu machen. In diesem Sinne wird ... eine Erweiterung der Auskunftspflicht im Geschäftsbericht vorgeschlagen."

c) In der V. ist die Offenlegungspflicht in § 260a behandelt, indem dort die Frage des Geschäftsberichts erörtert ist. Im HGB. war lediglich in § 260 bestimmt, daß ein „den Vermögensstand und die Verhältnisse der Gesellschaft" entwickelnder Bericht dem Aufsichtsrat und mit dessen Bemerkungen der Gen.Vers. vorzulegen ist. Über den Inhalt des Berichts ist nirgends etwas gesagt, nur bestimmt der § 314 Ziff. 1, daß Mitglieder des Vorstandes oder Aufsichtsrats strafbar sind, wenn sie in ihren Darstellungen, in ihren Übersichten über den Vermögensstand der Gesellschaft ... den Stand der Verhältnisse der Gesellschaft unwahr darstellen oder verschleiern. Daß unter diesen Paragraphen auch der Geschäftsbericht fällt, ist selbstverständlich. Sonst ist nichts über den Inhalt gesagt. Die Praxis, insbesondere der Strafgerichte, hat sich sehr eingehend mit der Frage beschäftigt, inwieweit die Pflicht zur Offenlegung bei diesen Geschäftsberichten geht (vgl. Anm. 4 zu § 314 Staub-Pinner).

d) Mit dieser Zurückhaltung des Gesetzes ist restlos gebrochen worden. Die Erl. (S. 110) begründet dies wie folgt:

„Mit den Vorschlägen über die Ausgestaltung des Geschäftsberichts will der E. den von verschiedenen Seiten erhobenen Klagen über den dürftigen Inhalt der Geschäftsberichte entsprechen. So ist bei den Verhandlungen im Enquête-Ausschuß zur Sprache gekommen, daß die Mitteilungen über die Verhältnisse der Gesellschaft in den Geschäftsberichten von Jahr zu Jahr mehr eingeschränkt würden und daß das Maß der möglichen Offenlegung mit dem, was in den meisten Geschäftsberichten stehe, keineswegs erschöpft sei. Diesem Streben, die Geschäftsberichte immer farbloser zu gestalten, tritt der E. entgegen. Hierfür besteht um so mehr Anlaß, als gerade der Geschäftsbericht ein vorzügliches Auskunftsmittel bietet, denn in ihm können die Angelegenheiten der Gesellschaft in zusammenhängender Darstellung erörtert und in ihm können auch solche Angaben aufgenommen werden, die sich zur Aufnahme in die Bilanz nicht eignen, z. B. weil es sich nicht um zahlenmäßige Angaben, um schon bestehende Passiven oder Aktiven oder um Vorgänge handelt, die sich schon während des Geschäftsjahres verwirklicht haben."

(Vgl. auch Schmölder, JW. 1930, 2631.)

e) Generell wird § 260a Absatz 4 vorgeschrieben, daß die Berichterstattung im Geschäftsbericht den Grundsätzen einer gewissenhaften und getreuen Rechenschaftsablegung zu entsprechen habe. Sie kann nur insoweit unterbleiben, als das überwiegende Interesse einer der beteiligten Gesellschaften oder der Allgemeinheit es erfordert.

Dieser letztere Satz, der sich mit einer in der Praxis viel erörterten Frage befaßt, ob die Pflicht zur Offenlegung oder das Interesse der Gesellschaft vorliegt, soll, wie Schmölder JW. 1930, 2631, sagt, eine generelle Schutzklausel sein, die der Gesellschaft die Möglichkeit offen läßt, von der vorgeschriebenen Berichterstattung abzusehen, wenn zwingende Gründe für die Geheimhaltung sprechen. Die Beweislast für die Notwendigkeit der Geheimhaltung habe die Gesellschaft.

f) In den Einzelvorschriften über den Geschäftsbericht sind folgende grundsätzliche Punkte hervorzuheben. Zunächst ist im Gegensatz zu dem bisherigen Rechte bestimmt, daß neben dem Vermögensstand und den Verhältnissen der Gesellschaft auch der Jahresabschluß (d. i. gemäß § 260 Abs. 1 die Jahresbilanz und die Gewinn- und Verlustrechnung) zu erläutern ist. Ferner sind auch wesentliche Abweichungen von dem früheren Jahresabschluß zu erörtern, z. B. also auch grundsätzliche Abweichungen von Bewertungsgrundsätzen, etwa durch Änderung der Abschreibungen (vgl. Schmölder JW. 1930, 2631), und endlich soll im Geschäftsbericht auch über die Beziehungen zu einer abhängigen Gesellschaft (vgl. hier S. 16) und einer Konzerngesellschaft berichtet werden. Dies letztere geht aus den allgemeinen Bestreben des E. hervor, möglichst auch die Beziehungen zu Tochtergesellschaften, zu Konzerngesellschaften und abhängigen Gesellschaften klarzulegen.

g) In Abs. 3 sind bestimmte Gegenstände aufgeführt, über die Angaben zu machen sind, (also zwingende Vorschriften), die ebenfalls im wesentlichen mit dem E. übereinstimmen, nur daß einzelne Punkte, die noch nicht definitiv geregelt werden sollten, fortgeblieben sind. Bereits erwähnt ist, daß über solche Aktien, die für Rechnung der Gesellschaft übernommen sind, eigene Aktien und gebundene Aktien, und deren evtl. Veräußerung Angaben zu machen sind, ebenso über Genußscheine. Ferner ist ebenfalls erwähnt, daß auch die Gesamtbezüge der Mitglieder des Vorstandes und des Aufsichtsrats aufzuführen sind. Augenscheinlich genügt es nach dieser Nr. 6, wenn die Gesamtbezüge des Vorstandes einerseits und der Mitglieder des Aufsichtsrats andererseits mit je einer Summe aufgeführt werden. Es sind sowohl die Tantiemen wie das Gehalt sowie Aufwandsentschädigungen, Provisionen und Nebenleistungen in diese Summe mit hineinzurechnen. Nicht erwähnt sind die festen Vergütungen des Aufsichtsrats, wenn man sie nicht unter den Begriff des Gehalts bringen will. Nach der Tendenz der Vorschrift, die augenscheinlich alles erfassen will, was die Verwaltung erhält, muß auch die feste Vergütung mit eingerechnet werden.

Wichtig ist Abs. 3 Nr. 5. Es sollen aus der Bilanz nicht ersichtliche Haftungsverhältnisse einschließlich von Pfandbestellungen und Sicherungsübereignungen sowie Verbindlichkeiten aus der Begebung von Wechseln und Schecks aufgenommen werden, also Verhältnisse, die an sich aus der Bilanz nicht hervorgehen, wenigstens nicht hervorzugehen brauchen, die aber — wie z. B. Bürgschaften — für die Beurteilung der Gesellschaft sehr wesentlich sein können, wie der Fall FAVAG ergeben hat. Endlich sind noch Angaben zu machen über die Zugehörigkeit der Gesellschaft zu Kartellen, Konventionen und ähnlichen Verbindungen, und dann muß generell berichtet werden über Vorgänge von besonderer Bedeutung, die nach dem Ende des Geschäftsjahres eingetreten sind.

h) Werden im Geschäftsbericht Angaben unterlassen, die nach § 260a notwendig waren, so tritt an sich eine Nichtigkeit oder eine Anfechtbarkeit des Bilanzbeschlusses nicht ein. § 261e (vgl. S. 49) bestimmt dies ausdrücklich. Es bleibt die allgemeine Haftpflicht des

Vorstandes und Aufsichtsrats für den Bericht und ferner die Strafbarkeit aus § 314, letztere bei wissentlich unwahren Darstellungen oder Verschleierungen.

B. Jahresabschluß.

(Bilanz, Gewinn- und Verlustrechnung.)

a) Das HGB. enthielt für die Aufstellung der Bilanz außer der Vorschrift, daß § 40 auch auf die Bilanzen von Aktiengesellschaften anzuwenden ist, nur in § 261 gewisse Einzelvorschriften, dagegen nichts über die allgemeine Art der Aufstellung der Bilanzen. In § 260b der V. ist vorausgestellt, daß für die Ausstellung des Jahresabschlusses zunächst die §§ 261 bis 261e, dann die Vorschriften des 4. Abschnittes des ersten Buches des HGB. und im übrigen die Grundsätze ordnungsmäßiger Buchführung und Bilanzierung zur Anwendung kommen. In Abs. 2 dieses Paragraphen ist der Grundsatz der *Bilanzklarheit* festgestellt. Schon der E. hatte die gleiche Bestimmung. Die Erl. sagt hierzu folgendes:

„Dem Bilanzrecht wird der Grundsatz der Bilanzklarheit vorangestellt, wonach der Jahresabschluß so klar und übersichtlich aufzustellen ist, daß Aktionär und Gläubiger einen möglichst klaren und sicheren Einblick in die Lage der Gesellschaft erhalten. Der unmittelbare rechtliche Gehalt des Leitsatzes ist nicht erheblich, er betont aber die den Bilanzvorschriften, namentlich den Bestimmungen über die Gliederung des Jahresabschlusses zugrunde liegende Zweckrichtung und bietet *den Gerichten für Fälle, die nicht ausdrücklich geregelt sind, eine Richtschnur.* Daß die Wertansätze nicht unter den vom Gesetz bestimmten Höchstgrenzen liegen dürfen, wird damit nicht vorgeschrieben."

b) Nicht enthalten ist in den Vorschriften eine Bestimmung über die stillen Reserven, über deren Zulässigkeit bekanntlich der Streit noch nicht geschlichtet ist. Die Verfasser des E. und der V. gehen davon aus, daß stille Reserven zulässig sind. Im Erl. heißt es (S. 112):

„Der E. unterbindet die Bildung und Auflösung stiller Reserven nicht. Es soll nicht verkannt werden, daß eine ihrer Pflichten nicht bewußte Verwaltung mit den stillen Reserven Mißbrauch treiben und die Aktionäre wie die Öffentlichkeit über die Erträgnisse des Unternehmens täuschen kann. Zur Kritik einer Einrichtung genügt aber der Einwand nicht, daß ein Mißbrauch mit ihr möglich ist. Ein Verbot stiller Reserven ließe sich aus allgemeinen volkswirtschaftlichen Erwägungen nicht verantworten. Die Ansammlung eines bestimmten Überschuß-Kapitals ist für viele Unternehmungen ein unabweisbares Bedürfnis und oft nicht anders durchführbar, als daß es still geschieht. Weiter ist zu berücksichtigen, daß die Wertansätze auf Schätzung beruhen. Eine Schätzung setzt aber notwendig einen gewissen Spielraum für die Bemessung des Wertes voraus .....

Die rechtliche und praktische Durchsetzbarkeit eines Verbots von Unterbewertungen wäre daher höchst zweifelhaft. Aus diesem Grunde überläßt der E. die Entscheidung der Frage, in welchem Maße stille Reserven durch Unterbewertungen gelegt werden, weiterhin der Rechtsprechung."

(Vgl. Ullmann in JW. 1930, 2633.)

Andererseits hat die V. sich gegen einen Mißbrauch, der vielfach getrieben wird, gewendet, nämlich, daß die stillen Reserven und Rückstellungen unter den Verbindlichkeiten der Gesellschaft aufgeführt werden; § 261a Abs. 3 Satz 3 verbietet dies ausdrücklich. Danach erscheint es zulässig, stille Reserven — wie bisher — zu stellen, nur müssen sie in der Passivseite, soweit die stille Reserve in Rückstellungen oder Wertberichtigungsposten erfolgt, als solche ersichtlich sein.

c) Im übrigen enthalten die §§ 261 bis 261c Vorschriften über Bewertungsgrundsätze, die in verschiedenen Punkten von dem bisherigen Recht abweichen, dagegen im wesentlichen im E. bereits enthalten waren.

§ 261 entspricht mit verschiedenen Änderungen dem geltenden § 261. Punkt 1 des E. entspricht Punkt 3 des bisherigen § 261, allerdings mit wesentlichen Unterschieden. Hierüber sagt Erl. (113) wie folgt:

„Es soll auch dabei verbleiben, daß Gegenstände des Anlagevermögens zu den Anschaffungs- oder Herstellungskosten abzüglich Abnutzungen, Gegenstände des Umlaufvermögens nach den Grundsätzen des niedersten Wertes anzusetzen sind. Die erforderlichen Absetzungen sollen dem Anteil an dem etwaigen Wertverluste entsprechen, der sich bei gleichmäßiger Verteilung auf die Gesamtdauer der Verwendung oder Nutzung für den einzelnen Bilanzabschnitt ergibt" (bemerkt wird, daß das Wort mutmaßlich bei Gesamtdauer in § 261 Ziffer 1 gegenüber dem E. zugefügt ist).

Hierbei ist eine Angleichung an das Steuerrecht vorgenommen (vgl. § 16 Abs. 2 Satz 2 Eink.St.G.), die zugleich das geltende Recht verbessert. Dieses fordert in § 261 Nr. 3 HGB. seinem Wortlaut nach nur die Berücksichtigung körperlicher Abnutzung, während die vorgeschlagene Fassung klarstellt, daß auch sonstigen aus der Verwendung oder Nutzung folgenden Wertverlusten Rechnung zu tragen ist (vgl. auch Ullmann JW. 1930, 2635).

Bemerkt wird noch, daß gegenüber dem E. die Wertpapiere aus dem Abs. 1 Ziff. 1 § 261 herausgenommen und in einem besonderen Abschnitt behandelt sind.

d) Zu bemerken ist ferner, daß Ziff. 3 des § 261 bestimmt, daß die Kosten der Gründung und der Kapitalerhöhung nicht als Aktiva eingesetzt werden dürfen, während die Ziff. 4 des § 261 sagt, daß die Kosten der Errichtung und Verwaltung nicht als Aktiva in die Bilanz eingesetzt werden, nicht übernommen werden. Die Erl. sagt darüber (S. 113):

> „Daraus, daß nicht mehr gemäß § 261 Ziff. 4 vorgesehen wird, daß die Einsetzung der Verwaltungskosten als Aktiva unzulässig ist, ist nicht zu folgern, daß ihre Aktivierung schlechthin gestattet werde, es soll nur der gerade an diese Vorschrift sich knüpfende Streit ausgeräumt werden, ob Anteile an den Verwaltungskosten als Herstellungskosten Berücksichtigung finden können.“

Der E. hat diese Frage — wie erwähnt — bejaht. Daß im übrigen Verwaltungskosten als Aufwendungen in der Gewinn- und Verlustrechnung anzusetzen sind, ergibt sich auch ohne ausdrückliche Vorschrift aus den Grundsätzen ordnungsmäßiger Buchführung. Dasselbe führt Ullmann JW. 1930, 2635, aus.

e) Die Streitfrage, ob bei dem Ansatz der Herstellungskosten ein entsprechender Anteil an den Generalunkosten eingerechnet werden darf, hat die V. in bejahendem Sinne gelöst (§ 261 Ziff. 1 Satz 2, Ziff. 2 Satz 2).

f) Im übrigen sind die Vorschriften des § 261 genau wie bisher Höchst-Vorschriften, es gilt also all das, was bisher über die Überschreitung der Höchst-Vorschriften und deren Unterschreitung von der Praxis festgestellt ist (vgl. Staub-Pinner Anm. 1 zu § 261 ff.).

g) Im § 261b ist noch eine an sich auch für das heutige Rechte selbstverständliche, aber vielfach außer acht gelassene Bestimmung enthalten, daß Verbindlichkeiten aus Bürgschaften, Wechsel- und Scheckbürgschaften und aus Garantieverträgen, selbst wenn ihnen gleichwertige Rückforderungen gegenüberstehen, in voller Höhe in der Bilanz zu vermerken sind, also insbesondere sogenannte Aval-Verpflichtungen. Hiergegen ist besonders im Falle FAVAG verstoßen worden.

h) Die Gliederung der Jahresbilanz ist im § 261a enthalten. Die Vorschriften sollen erkennen lassen, wie das Vermögen der Gesellschaft angelegt und wie ihr Kapital zusammengesetzt ist, insbesondere auch, wie sich das Anlagevermögen zum Umlaufsvermögen verhält. Diese Gliederungsvorschriften aber sind generell in Nr. 1 von § 261a nicht für zwingend erklärt, indem dort bestimmt ist, daß die geforderte gesonderte Ausweisung nur notwendig ist, soweit nicht der Geschäftszweig der Gesellschaft eine abweichende Gliederung bedingt. Nach dieser Fassung betont Ullmann in JW. 1930, 2636, mit Recht, daß die Frage, ob von den Vorschriften abgewichen werden kann, im Ermessen und zwar, wie hinzugefügt werden muß, im pflichtmäßigen Ermessen der Organe der Gesellschaft steht.

i) In ähnlicher Weise ist im § 261c die Gliederung der Gewinn- und Verlustrechnung vorgeschrieben.

k) Nach § 261d soll die Reichsregierung ermächtigt sein, Formblätter mit der Maßgabe vorzuschreiben, daß Bilanz, Gewinn- und Verlustrechnung statt nach den Vorschriften der V. nach diesen Formenblättern zu gliedern ist. Ferner soll die Reichsregierung das Recht haben, für Konzerngesellschaften Vorschriften über die Aufstellung des eigenen und über die Aufstellung eines gemeinschaftlichen Jahresberichts zu erlassen; insbesondere die letztere Vorschrift erscheint von weittragender Bedeutung.

l) Eine Bestimmung, die im E. nicht enthalten war, scheint die Bedeutung der Bilanzvorschriften herabzumindern. Danach kann auf Verletzung der Vorschriften der §§ 261a bis 261c und auf eine Nichtbeachtung von Formblättern eine Anfechtung nach § 271 nicht gegründet werden. Es ist dies eine schwerwiegende Ausnahme von § 271, der im übrigen die Anfechtung für jede Verletzung des Gesetzes und der Satzung gibt, mag sie groß oder gering sein. Augenscheinlich hat man sich hierzu entschlossen, damit nicht eine vielleicht recht unerhebliche Auslassung oder eine sonstige nicht wichtige Verletzung der Gliederungsvorschriften Gegenstand eines Anfechtungsprozesses werden kann, der wirtschaftlich die Gesellschaft, gleichviel ob er berechtigt ist oder nicht, schädigt. Man nimmt wohl — und nicht mit Unrecht — an, daß schon die allgemeine Regreßpflicht für der Sorgfalt eines ordentlichen Geschäftsmannes nicht entsprechendes Verhalten und ferner die Strafvorschrift des § 314 genügt, um den gesetzlichen Bestimmungen Geltung zu verschaffen. Zu berücksichtigen ist ja auch ferner, daß die Bilanz der Pflichtprüfung unterliegt und sicherlich von den Prüfern Abweichungen vom Gesetze aufgedeckt werden.

m) Dieser Teil der V., nämlich die in Art. V behandelten §§ 260 bis 261e, treten nicht, wie die übrige V., am 1. Oktober 1931 in Kraft, sondern die Reichsregierung bestimmt den Zeitpunkt des Inkrafttretens (Art. XIII Abs. 2). Zur Überleitung hat die Reichsregierung das Recht, die erforderlichen Rechts- und allgemeinen Verwaltungsvorschriften zu erlassen. Ferner kann sie gemäß Art. XIV Abs. 2 Nr. 2 durch allgemeine Anordnung für Aktiengesellschaften geringeren Umfangs oder von besonderer Art Ausnahmen von den Bilanzvorschriften treffen, und ferner bestimmen, welche Gesellschaften als solche geringeren Umfangs oder von besonderer Art anzusehen sind.

VI. Pflichtprüfung.

a) „Die Einführung der Bilanzprüfung stellt sich wohl als die wichtigste Neuerung der ganzen Reform überhaupt dar" (Schmölder in JW. 1930, 2625).

Jedenfalls ist sie mit eins der wichtigsten Mittel, das das Vertrauen in die Gesellschaft wieder heben soll und das daher auch in eine Notverordnung gehört. Allerdings hat der Gedanke der Pflichtprüfung eine gewisse Wandlung durchgemacht. Bereits in den Verhandlungen des Kölner Juristentages spielte er eine entscheidende Rolle; es wurde beantragt, ein besonderes Organ für die Überwachung zu schaffen, und zwar nach Art des englischen Rechts, jedoch hierbei den Aufsichtsrat von der Überwachungspflicht zu entlasten (vgl. Verhandlungen des 34. Deutschen Juristentages 2. Bd. 650 ff.). Trotzdem von verschiedenen Seiten (auch z. B. vom Deutschen Anwaltverein und von der Berliner Industrie- und Handelskammer) die Einführung der Pflichtrevision nicht befürwortet wurde, hat der E. dies Institut im wesentlichen in gleicher Weise, wie es die V. tut, aufgenommen, und auch in Anlehnung an den Grundsatz, dadurch den Aufsichtsrat zu entlasten. Es ist bereits darauf hingewiesen, daß die Erl. (100) sagt, daß im Zusammenhang mit der Einführung der Bilanzprüfung durch unabhängige Sachverständige der Aufgabenkreis für den Aufsichtsrat unbedenklich eingeschränkt werden könne. Schon aber im E. kam dies nicht, wie ebenfalls bereits bemerkt, deutlich zum Ausdruck, noch weniger kommt es in der V., die die Änderungen der Pflichten des Aufsichtsrats, wie sie im § 79e vorgesehen waren, nicht übernommen hat, zur Geltung. Es ist dies ein Punkt, der bei der definitiven Gestaltung des Aktienrechts geregelt werden muß.

Über die Pflichtprüfung selbst sagt die Erl. (115) folgendes:

> „Die Ereignisse der jüngsten Zeit haben bestätigt, daß eine Beaufsichtigung und Nachprüfung des Rechnungswesens der Aktiengesellschaften erforderlich ist. Die regelmäßige Rechnungsprüfung, die eine Reihe ausländischer Rechte vorschreibt, kann, wie namentlich die in England gemachten Erfahrungen beweisen, zur Gesundung des Aktienwesens und zu seiner Sicherung in erheblichem Maße beitragen. Eine derartige Kontrolle erscheint auch deshalb notwendig, weil eine Zahl von Aktiengesellschaften . . . sich zu zentralen Sammelstellen des nationalen Ka-

pitals entwickelt haben. Eine gewissenhafte Rechnungsprüfung entspricht daher nicht nur den Interessen der Gesellschaft, ihrer Gläubiger und Aktionäre, sondern auch der gesamten Volkswirtschaft."

In den §§ 262a bis 262g sind die Vorschriften über die Bilanzprüfer enthalten. Der heftige Streit, der sich daraus ergeben hatte, wer die Bilanzprüfer zu ernennen hätte, ist von der V. dahin entschieden, daß die Ernennung durch die Gen.Vers. zu erfolgen hat. Die Erl. sagt:

„Diesem Organ die Bestellung der Prüfer grundsätzlich zu überlassen, empfiehlt sich deshalb, weil die Prüfer notwendig das Geschäftsgebaren der verwaltenden Organe, also des Vorstands und Aufsichtsrats, in gewissem Umfange nachzuprüfen haben. Gleichwohl kann es vorkommen, daß die Gen.Vers. bei der Wahl der Rechnungsprüfer fehlgreift, mag die Mehrheit aus unlauteren Gründen verfahren, oder mag sie auch nur die fachliche Eignung der gewählten Prüfer falsch beurteilen."

Um diesen letzteren Mißstand zu umgehen, ist im § 262b Ziffer 2 sowohl dem Vorstand wie dem Aufsichtsrat und einer Minderheit von 10% des Grundkapitals das Recht gegeben, gegen die Auswahl der Bilanzprüfer Widerspruch zu erheben. Bei der Minderheit ist Voraussetzung, daß sie die Aktien mindestens drei Monate besessen hat.

Über den Widerspruch entscheidet endgültig das Amtsgericht des Sitzes der Gesellschaft. Dasselbe kann auch andere Bilanzprüfer bestellen. Ferner ist in Ziff. 4 des § 262b bestimmt, daß das Gericht auch

Bilanzprüfer zu bestellen hat, wenn die Gen.Vers. dies unterläßt oder wenn ein gewählter Bilanzprüfer die Annahme ablehnt, wegfällt oder am rechtzeitigen Abschluß der Prüfung verhindert ist. In dem letzteren Falle ist allerdings die Gen.Vers. an erster Stelle zur Neuwahl berufen. Ferner ist in Abs. 5 des § 262 ein Widerrufsrecht statuiert.

Immerhin ist auch durch diese Vorschriften nicht ohne weiteres gewährleistet, daß die Gen.Vers. nicht in der Wahl der Bilanzprüfer sich eines Mißgriffs schuldig macht.

b) Aus diesem Grunde und weil das ganze Institut der Bilanzprüfung davon abhängt, daß das Publikum unbedingtes Vertrauen zu den Prüfungen der Bilanzprüfer erhält, ist es absolut notwendig, daß Vorschriften gegeben werden, die die vollständige Unabhängigkeit der Bilanzprüfer gewährleisten. Der § 262c Abs. 2 schließt Prüfer aus, auf deren Geschäftsführung die zu prüfende Gesellschaft maßgebenden Einfluß hat; ebenso können nicht Vorstands- und Aufsichtsratsmitglieder und Angestellte der Gesellschaft Bilanzprüfer sein. Dies sind zwei an sich selbstverständliche Vorschriften, sie genügen aber nicht; es kann indirekter Einfluß vorhanden sein, die Gesellschaften können die Prüfer sich dadurch geneigt machen, daß sie ihnen andere Arbeiten gegen gutes Entgelt übertragen usw. In dieser Beziehung muß die zu erwartende Verordnung (Art. XIII Abs. 3 und Art. XIV Abs. 1 Nr. 1 und 2) genauere Bestimmungen bringen, die die Unparteilichkeit der Prüfer unter allen Umständen gewährleisten, so z. B. daß den Prüfern mindestens jede entgeltliche Tätigkeit für die Gesellschaften, die sie prüfen sollen, verboten ist.

c) Für die Art der Prüfung ist in § 262a vorgeschrieben, daß die Prüfung nicht eine formelle sein darf dahin, daß die Bilanz mit den Büchern übereinstimmt, sondern die Prüfung hat sich darauf zu erstrecken, ob die Vorschriften dieser V. über die Publizität, insbesondere den Geschäftsbericht und den Inhalt der Bilanz, befolgt sind. Selbstverständlich muß auch geprüft werden, ob die in dem Geschäftsbericht und der Bilanz angegebenen Tatsachen richtig sind. Die den Prüfern hierzu nötigen Unterlagen hat der Vorstand gemäß § 262d den Prüfern zu geben und diese können auch vom Vorstand alle notwendigen Aufklärungen und Nachweise verlangen.

d) Der Bericht ist gemäß § 262e schriftlich zu erstatten, und zwar — wie bereits erwähnt — ist der Bericht dem Aufsichtsrat vorzulegen, erstattet wird er selbstverständlich an den Vorstand. Der Bericht muß einen Bestätigungsvermerk enthalten, der nach dem E. (§ 123) einen festen Wortlaut hatte, während jetzt im § 262f Abs. 1 nur der Inhalt angegeben ist, der sich den tatsächlichen Verhältnissen anzupassen hat.

e) Im § 262g ist die Haftung der Bilanzprüfer festgesetzt, und zwar nicht nur ihre, sondern auch der Personen, deren sie sich bei der Prüfung bedienen. Sie haften für gewissenhafte und unparteiische Prüfung und für Verschwiegenheit. Eine wichtige Beschränkung der Haftung ist, daß bei Fahrlässigkeit sich die Haftung für eine Prüfung auf 100 000 *RM* beschränkt. Es ist dies eine Bestimmung, die im E. nicht stand und herübergenommen ist aus dem Entwurf der Novelle zum Vers.Auss.Ges. In der Begründung zu der letzteren ist gesagt, daß hierfür die Überlegung maßgebend sei, daß erfahrungsgemäß bei Bilanzprüfungen geringfügige

Versehen zu ungewöhnlich großen Schäden führen können und daß ein Prüfer zum Nutzen seiner Arbeit von der drückenden Besorgnis, unbeschränkt zum Ersatze verpflichtet zu sein, befreit werden müsse. Es spreche ferner für die Einführung einer solchen Höchstgrenze, daß die Prüfer sich mutmaßlich bis zum Höchstbetrage gegen Haftpflicht versichern werden (vgl. Schmölder, JW. 1930, 3687).

f) In § 124 Abs. 3e war bestimmt, daß die Verpflichtung zur Verschwiegenheit im Falle der Beauftragung einer Treuhandgesellschaft (dieses Wort ist in der V. überall durch das passendere Wort „Prüfungsgesellschaft" ersetzt) auch gegenüber dem Aufsichtsrat und den Mitgliedern des Aufsichtsrats der Treuhandgesellschaft bestehen soll. Hiergegen haben sich erhebliche Bedenken erhoben (Schmölder, JW. 1930, 3688) und man hat infolgedessen in die V. zwar diese Bestimmung aufgenommen, aber den Vorsitzenden des Aufsichtsrats der Prüfungsgesellschaft ermächtigt, die von der Prüfungsgesellschaft erstatteten Berichte einzusehen, die hiervon erlangten Kenntnisse aber nur zu verwerten, soweit es die Erfüllung der Überwachungspflicht des Aufsichtsrats erfordert.

g) Daß diese Haftungspflichten, die die V. vorschreibt, zwingender Natur sind, ist selbstverständlich und in Abs. 4 des § 262g noch ausdrücklich vermerkt; sie verjähren in 5 Jahren.

h) Dieser Abschnitt tritt am 1. Oktober 1931 noch nicht in Kraft. Die Erl. (115) sagt hierzu:

„Der sofortigen Einführung der Pflichtprüfung stellt sich allerdings ein Hemmnis entgegen: es fehlt zur Zeit noch an der genügenden Zahl fachmäßig vorgebildeter Buchprüfer und an den Einrichtungen, die die Eignung der zur Prüfung zuzulassenden Personen ermitteln lassen."

Demgemäß ist in Art. XIII Abs. 3 bestimmt, daß die Vorschriften des Artikels über Bilanzprüfung erst in dem Zeitpunkt in Kraft treten, den die Reichsregierung bestimmt. Der Zeitpunkt kann auch für einzelne Gesellschaften verschieden bestimmt werden. Ferner kann die Reichsregierung nach Art. XIV Anweisungen für die Durchführung der Gründung und Bilanzprüfung aufstellen und die Befähigung zur Ausübung der Tätigkeit als Prüfer von besonderen Voraussetzungen abhängig machen. Sie ist ferner ermächtigt (Art. XIV Abs. 2 Satz 1) zu bestimmen, daß für das zur Zeit des Inkrafttretens der Verordnung (1. 10. 31) laufende Geschäftsjahr die Bilanzprüfer vom Aufsichtsrat gewählt werden; sie kann einstweilige Vorschriften für die Prüfung des Jahresabschlusses erlassen, sowie, was bereits für den vorigen Abschnitt erwähnt ist, Aktiengesellschaften geringeren Umfangs oder von besonderer Art von der Prüfung des Jahresabschlusses befreien.

VII. Minderheitsrechte.

In den §§ 267 bis 270 hat das HGB. zwei sehr wertvolle Minderheitsrechte gegeben, und zwar das Recht auf Prüfung und das Recht auf Erhebung der Ansprüche gegen die Verwaltung. Die V. hat diese Bestimmungen grundsätzlich übernommen, sie hat aber Einzelheiten geändert, um, wie die Erl. (S. 108) sagt, die hier vorgesehenen Kontrollbefugnisse zu einem wirksamen und praktisch brauchbaren Werkzeug für den

Schutz der Minderheit auszubauen. Die wesentlichen Unterschiede sind folgende:

a) In § 266 ist das Mitstimmen von Mitgliedern des Vorstandes und Aufsichtsrats in gewisser Weise verboten, was bereits (S. 33) erörtert ist. Dann aber wird neben dem Rechte der Minderheit, bei Ablehnung eines Antrages auf Prüfung das Gericht anzurufen, dieses Recht auch dann gegeben, wenn die Gen.Vers. Prüfer bestellt hat, die Minderheit aber andere Prüfer vorschlägt. Diese Änderung ist eine äußerst wesentliche, denn die Vorschrift des § 266 ist vielfach dadurch illusorisch gemacht worden, daß die Mehrheit sich dem Verlangen der Minderheit, Revisoren zu bestellen, angeschlossen hat und dann selbst ihr genehme Revisoren bestellt hat. Hiergegen hatte bisher die Minderheit keinen Einspruch. Jetzt kann sie, falls sie glaubt, gegen die Persönlichkeit der Prüfer Einwendungen zu haben, bei Gericht den Antrag stellen, andere Prüfer zu bestellen. Die Frist von 6 Monaten für den Besitz der Aktien der Minderheit ist sowohl für den Fall des § 266 wie § 268 auf 3 Monate herabgesetzt worden. Die Sicherheitsleistung ist für beide Fälle auf den Fall beschränkt, daß die Gesellschaft glaubhaft macht, daß ihr gegen die Kläger oder einzelne von ihnen ein Ersatzanspruch zusteht oder erwachsen kann.

b) In beiden Fällen war gemäß § 267 und § 269 bestimmt, daß die Aktionäre, denen eine bösliche Handlungsweise zur Last fällt, für den Schaden haftbar sind. Der Begriff der böslichen Handlungsweise ist gestrichen und statt dessen die Schadensersatzpflicht dann festgesetzt, wenn Vorsatz oder grobe Fahrlässigkeit vorliegt.

c) Während im allgemeinen für beide Fälle die

Minderheit 10% des Grundkapitals haben muß, ist im § 268 Abs. 1 Satz 2 bestimmt, daß die Ansprüche der Gesellschaft aus Gründung oder Geschäftsführung geltend gemacht werden müssen, wenn sich die Ansprüche auf Tatsachen, die im Prüfungsbericht festgestellt sind, stützen, wenn die Minderheit 5% des Grundkapitals besitzt.

d) Mit diesen Erleichterungen sind die Ansprüche aus den Minderheitsrechten zu wirksameren Rechten geworden als sie es bisher gewesen sind. Andererseits wird die Vorschrift, daß der Aktionär, dem bei Erhebung der Ansprüche grobe Fahrlässigkeit zur Last fällt, auf Schadensersatz haftet, doch vor unbegründeter und gesellschaftsfremden Zwecken dienender Erhebung der Ansprüche zurückhalten.

VIII. Eigentum an Aktien.

Eine besondere Vorschrift enthält der Art. II, indem er bestimmt, daß, soweit im HGB. die Ausübung von Rechten der Aktionäre davon abhängig ist, daß diese während eines bestimmten Zeitraumes Inhaber der Aktien gewesen sind (vgl. § 262b, § 266, § 269, § 295 usw.), dem Eigentum an Aktien der Anspruch auf Übereignung von Aktien an eine Bank gleichsteht, und ferner, daß die Eigentumszeit eines Rechtsvorgängers dem Aktionär in gewissen Fällen zugerechnet wird. Die erstere Bestimmung ist wohl hauptsächlich getroffen worden, um zu verhindern, daß bei Deponierung von Aktien im Sammeldepot als Depositum irregulare die Minderheitsrechte verloren gehen. Die Praxis hatte auch bisher sich in gleichem Sinne entschieden (vgl. Staub-Pinner, Anm. 12 Abs. 2 zu § 266).

IX. Strafvorschriften.

In Art. IX ist zunächst bei § 312 bestimmt, daß in schweren Fällen auf Zuchthaus bis zu 5 Jahren erkannt werden kann, ebenso bei § 314 Abs. 1 Nr. 1. Ferner sind einige neue Strafbestimmungen aufgenommen, die falsche Berichte und Verletzung der Pflicht zur Verschwiegenheit des Prüfers unter Strafe stellen.

X. Kommanditgesellschaft auf Aktien.

In Art. X ist bestimmt, daß die Vorschriften Art. I bis IX auch für die Kommanditgesellschaft a. A. gelten und daß das, was für den Vorstand der Aktiengesellschaft bestimmt ist, für die persönlich haftenden Gesellschafter der Kommanditgesellschaft a. A. entsprechend anzuwenden ist.

XI. Bankenstimmrecht.

Der zweite Teil der V. beschäftigt sich mit der Aufsicht über das Bankgewerbe.

Eigentlich aktienrechtliche Vorschriften enthält dieser Teil der V. nicht. Nur § 6 zu 2 bestimmt, daß das Kuratorium entscheidet, welche Grundsätze allgemeiner Art über die Geschäftsführung der Banken vom Reichskommissar aufzustellen sind. Diese Ermächtigung erstreckt sich auch auf die A u f s t e l l u n g v o n G r u n d s ä t z e n f ü r d i e B e d i n g u n g e n, u n t e r d e n e n B a n k e n d a s S t i m m r e c h t a u s i h n e n z u r A u f b e w a h r u n g ü b e r g e b e n e n W e r t p a p i e r e n a u s ü b e n. Damit ist die äußerst umstrittene Frage des Stimmrechts bei den Banken deponierter Aktien in ein neues Stadium getreten. Es kann jetzt von der in der V. bestimmten Stelle aus geregelt werden. In die Hand dieser Stelle ist dadurch eine große Machtbefugnis auch über die industriellen Aktiengesellschaften, deren Aktien sich zum größten Teil in den Depots der Banken befinden, gegeben; sie kann durch ihre Entscheidung sehr wesentlich auch auf diese einwirken, denn durch das Bankenstimmrecht beherrschen tatsächlich in den meisten Fällen die Banken die Gesellschaften, deren Aktien bei ihnen liegen.

Justizrat Dr. jur. h. c. Albert Pinner.

Vorschriften über Aktiengesellschaften und Kommanditgesellschaften auf Aktien.

(Verordnung des Reichspräsidenten über Aktienrecht, Bankenaufsicht und über eine Steueramnestie. Vom 19. September 1931 [RGBl. I S. 493]. Erster Teil.)

Artikel I.

1. Die §§ 226, 227 des Handelsgesetzbuchs sind in folgender Fassung anzuwenden:

§ 226.

(1) Die Aktiengesellschaft darf eigene Aktien oder Interimsscheine erwerben, wenn es zur Abwendung eines schweren Schadens von der Gesellschaft notwendig ist; der Gesamtnennbetrag der zu erwerbenden Aktien darf zehn vom Hundert oder einen etwa von der Reichsregierung festgesetzten niedrigeren Hundertsatz des Grundkapitals nicht übersteigen. Im übrigen darf die Aktiengesellschaft eigene Interimsscheine nicht, eigene Aktien nur erwerben, wenn auf sie der Nennbetrag oder, falls der Ausgabebetrag höher ist, dieser voll geleistet ist und wenn

1. die Gesellschaft damit eine Einkaufskommission ausführt oder
2. der Gesamtnennbetrag der zu erwerbenden Aktien zusammen mit anderen eigenen Aktien, die der Gesellschaft bereits gehören, zehn vom

Hundert oder einen etwa von der Reichsregierung festgesetzten niedrigeren Hundertsatz des Grundkapitals nicht übersteigt und die Aktien zur Einziehung erworben werden; als hierzu erworben gelten die Aktien nur, wenn sie binnen sechs Monaten nach Erwerb eingezogen werden.

(2) Die Wirksamkeit des Erwerbs eigener Aktien wird durch einen Verstoß gegen die Vorschriften des Abs. 1 nicht berührt, es sei denn, daß auf sie der Nennbetrag oder, falls der Ausgabebetrag höher ist, dieser noch nicht voll geleistet ist.

(3) Dem Erwerb eigener Aktien und eigener Interimsscheine steht es gleich, wenn eigene Aktien oder eigene Interimsscheine zum Pfand genommen werden oder wenn Aktien der Gesellschaft von einem andern für Rechnung der Gesellschaft oder unter Übernahme einer Kursgarantie durch die Gesellschaft erworben werden.

(4) Steht eine Handelsgesellschaft oder bergrechtliche Gewerkschaft auf Grund von Beteiligungen oder in sonstiger Weise unmittelbar oder mittelbar unter dem beherrschenden Einfluß einer Aktiengesellschaft oder Kommanditgesellschaft auf Aktien (abhängige Gesellschaft), so darf sie Aktien oder Interimsscheine der herrschenden Gesellschaft nur nach Maßgabe der für den Erwerb eigener Aktien vorgesehenen Bestimmungen der Abs. 1 bis 3 erwerben oder als Pfand nehmen. Sie darf ferner Aktien der herrschenden Gesellschaft nicht zeichnen; die Wirksamkeit einer solchen Zeichnung wird durch einen Verstoß gegen diese Vorschrift nicht berührt.

(5) Das Stimmrecht und der Anspruch auf den Reingewinn aus eigenen Aktien, die der Gesellschaft oder einem anderen für ihre Rechnung gehören, ruhen.

§ 227.

(1) Aktien können zwangsweise oder nach Erwerb durch die Gesellschaft eingezogen werden. Die Zwangseinziehung ist nur zulässig, wenn sie in dem ursprünglichen Gesellschaftsvertrag oder durch eine vor der Übernahme oder Zeichnung der Aktien bewirkte Änderung des Gesellschaftsvertrags angeordnet oder gestattet war.

(2) Bei der Einziehung sind die Vorschriften über die Herabsetzung des Grundkapitals zu befolgen. Dies gilt nicht, wenn

1. die Aktien der Gesellschaft unentgeltlich zur Verfügung gestellt oder
2. zu Lasten des nach der jährlichen Bilanz verfügbaren Gewinns oder eines Reservefonds eingezogen werden oder
3. die Gesellschaft die einzuziehenden Aktien innerhalb der letzten sechs Monate vor der Einziehung erworben hat und der Gesamtnennbetrag zehn vom Hundert oder den von der Reichsregierung gemäß § 226 Abs. 1 Nr. 2 festgesetzten niedrigeren Hundertsatz des Grundkapitals nicht übersteigt.

(3) In den Fällen des Abs. 2 Nr. 1 bis 3 erfolgt die Einziehung auf Grund eines Beschlusses der Generalversammlung, soweit es sich nicht um eine durch den Gesellschaftsvertrag angeordnete Zwangseinziehung handelt. Der Beschluß bedarf der einfachen Stimmenmehrheit; der Gesellschaftsvertrag kann für die Beschlußfassung noch andere Erfordernisse aufstellen. Der Beschluß kann nur gefaßt werden, wenn der Gegenstand gemäß § 256 Abs. 2 ausdrücklich angekündigt worden ist. Durch die Einziehung ermäßigt sich das

Grundkapital um den Gesamtnennbetrag der eingezogenen Aktien. Der Vorstand hat den Beschluß sowie die erfolgte Ermäßigung zur Eintragung in das Handelsregister anzumelden.

(4) Im Falle des Abs. 2 Nr. 3 ist den Gläubigern, deren Forderungen vor der Bekanntmachung der Eintragung des Beschlusses in das Handelsregister begründet sind, wenn sie sich innerhalb von drei Monaten nach der Bekanntmachung der Eintragung zu diesem Zwecke melden, Sicherheit zu leisten, soweit sie nicht Befriedigung verlangen können.

(5) Unter die Passiven der Jahresbilanz ist als Reservefonds einzustellen

1. in den Fällen des Abs. 2 Nr. 1 und 2 ein dem Nennbetrage der eingezogenen Aktien gleichkommender Betrag,
2. im Falle des Abs. 2 Nr. 3 der Betrag eines aus der Einziehung erzielten buchmäßigen Gewinns.

(6) Der Reservefonds kann ganz oder teilweise nur unter Einhaltung der Vorschrift des § 289 aufgelöst werden.

2. Hinter § 227 des Handelsgesetzbuchs ist als § 227a folgende Vorschrift einzufügen:

§ 227a.

(1) Die Mitglieder des Vorstandes sind zum Ersatze verpflichtet, wenn entgegen den Vorschriften der §§ 226, 227 eigene Aktien oder Interimsscheine der Gesellschaft oder einer anderen Gesellschaft erworben, als Pfand genommen oder eingezogen werden.

(2) Die Mitglieder des Aufsichtsrats sind zum Ersatze verpflichtet, wenn mit ihrem Wissen und ohne ihr

Einschreiten eine der im Abs. 1 bezeichneten Handlungen vorgenommen wird.

(3) Auf die Geltendmachung des Ersatzanspruchs gegen die Mitglieder des Vorstandes und Aufsichtsrats finden die Vorschriften des § 241 Abs. 4, 5 entsprechende Anwendung.

Artikel II.

Hinter § 230 des Handelsgesetzbuchs ist als § 230a folgende Vorschrift einzufügen:

§ 230a.

Soweit im Handelsgesetzbuch die Ausübung von Rechten der Aktionäre davon abhängig ist, daß die Aktionäre während eines bestimmten Zeitraums Inhaber der Aktien gewesen sind, steht dem Eigentum an Aktien ein Anspruch auf Übereignung von Aktien gegen eine Bank gleich. Die Eigentumszeit eines Rechtsvorgängers wird dem Aktionär zugerechnet, wenn er die Aktien unentgeltlich, als Gesamtrechtsnachfolger, im Wege der Auseinandersetzung einer Gemeinschaft oder von seinem Treuhänder erworben hat.

Artikel III.

1. Hinter § 239 des Handelsgesetzbuchs ist als § 239a folgende Vorschrift einzufügen:

§ 239a.

Der Vorstand hat dem Aufsichtsrat in regelmäßigen, mindestens vierteljährlichen Zwischenräumen sowie bei wichtigem Anlaß über den Gang der Geschäfte und die Lage des Unternehmens mündlich oder schriftlich zu berichten. Ist der Bericht schriftlich erstattet, so ist jedes Mitglied des Aufsichtsrats berechtigt, ihn einzusehen.

2. Hinter § 240 des Handelsgesetzbuchs ist als § 240a folgende Vorschrift einzufügen:

§ 240a.

(1) Mitgliedern des Vorstandes darf Kredit nur mit ausdrücklicher Zustimmung des Aufsichtsrats gewährt werden. Das gleiche gilt für Kredite an gesetzliche Vertreter eines von der Gesellschaft abhängigen Unternehmens oder eines Unternehmens, von dem die kreditgewährende Gesellschaft abhängt. Die Zustimmung kann für gewisse Kreditgeschäfte oder Arten von Kreditgeschäften im voraus, jedoch nicht für länger als drei Monate erteilt werden.

(2) Wird Kredit in Form eines Darlehens gewährt, so hat der Beschluß des Aufsichtsrats, durch den die Zustimmung erteilt wird, Bestimmungen über die Verzinsung und Rückzahlung des Darlehens zu enthalten. Der Darlehnsgewährung steht die Gestattung aller Entnahmen gleich, die über die einem Mitgliede des Vorstandes oder einem anderen gesetzlichen Vertreter zustehenden Vergütungen hinausgehen, insbesondere auch von Vorschüssen auf Vergütungen.

(3) Die Vorschriften der Abs. 1, 2 gelten auch für Kredite zugunsten des Ehegatten oder eines minderjährigen Kindes des Vorstandsmitglieds oder anderen gesetzlichen Vertreters oder zugunsten eines Dritten, der für dessen Rechnung handelt.

(4) Die Mitglieder des Vorstandes sind zum Ersatz verpflichtet, wenn sie entgegen den Vorschriften der Abs. 1 bis 3 an andere Mitglieder des Vorstandes oder ihnen gleichgestellte Personen Kredit gewähren.

(5) Die Mitglieder des Aufsichtsrats sind zum Ersatz verpflichtet, wenn mit ihrem Wissen und ohne ihr Ein-

schreiten eine der im Abs. 1 bis 3 bezeichneten Handlungen vorgenommen wird.

(6) Auf die Geltendmachung des Ersatzanspruchs nach Abs. 4, 5 finden die Vorschriften des § 241 Abs. 4, 5 entsprechende Anwendung.

Artikel IV.

1. Hinter § 244 des Handelsgesetzbuchs ist als § 244a folgende Vorschrift einzufügen:

§ 244a.

(1) Jedes Mitglied des Aufsichtsrats ist berechtigt, unter Angabe des Zwecks und der Gründe zu verlangen, daß der Vorsitzende unverzüglich den Aufsichtsrat beruft. Die Sitzung muß spätestens zwei Wochen nach der Einberufung stattfinden.

(2) Wird einem von mindestens zwei Mitgliedern des Aufsichtsrats geäußerten Verlangen nicht entsprochen, so können die Mitglieder, die das Verlangen gestellt hatten, unter Mitteilung des Sachverhalts selbst den Aufsichtsrat berufen.

(3) Stellt die Einberufung einen offenbaren Mißbrauch dar, so fallen die Kosten der Sitzung den Mitgliedern zur Last, die die Einberufung veranlaßt haben. Der Anspruch der Gesellschaft auf Erstattung der Kosten kann nur mit Zustimmung von drei Vierteln der Gesamtzahl der Mitglieder des Aufsichtsrats geltend gemacht werden.

2. Im § 246 Abs. 1 des Handelsgesetzbuchs wird dem Satz 2 folgende Vorschrift angefügt:

Auf Verlangen des Aufsichtsrats ist auch über

die Beziehungen zu einer abhängigen Gesellschaft oder einer Konzerngesellschaft zu berichten. Das Recht auf Berichterstattung steht auch dem einzelnen Mitglied des Aufsichtsrats mit der Maßgabe zu, daß die Berichterstattung nur an den Aufsichtsrat als solchen und, wenn der Vorstand die Berichterstattung ablehnt, nur dann verlangt werden kann, wenn das Verlangen mindestens von einem anderen Mitglied und bei einem Aufsichtsrat von zwanzig oder mehr Mitgliedern mindestens von zwei anderen Mitgliedern des Aufsichtsrats unterstützt wird.

Artikel V.

1. § 260 des Handelsgesetzbuchs ist in folgender Fassung anzuwenden:

§ 260.

(1) Die Generalversammlung beschließt über die Jahresbilanz und die Gewinn- und Verlustrechnung (Jahresabschluß), über die Gewinnverteilung und über die Entlastung des Vorstandes und des Aufsichtsrats.

(2) Der Vorstand hat in den ersten drei Monaten des Geschäftsjahrs für das verflossene Geschäftsjahr den Jahresabschluß sowie einen Geschäftsbericht dem Aufsichtsrat und mit dessen Bemerkungen der Generalversammlung vorzulegen. Der Gesellschaftsvertrag kann eine andere Frist bestimmen, jedoch nicht über die Dauer von sechs Monaten hinaus.

2. Hinter § 260 des Handelsgesetzbuchs werden als §§ 260a und b folgende Vorschriften eingefügt:

§ 260 a.

(1) In dem Geschäftsbericht sind der Vermögensstand und die Verhältnisse der Gesellschaft zu entwickeln und der Jahresabschluß zu erläutern. Bei der Erläuterung des Jahresabschlusses sind auch wesentliche Abweichungen von dem früheren Jahresabschluß zu erörtern.

(2) In dem Geschäftsbericht ist auch über die Beziehungen zu einer abhängigen Gesellschaft und einer Konzerngesellschaft zu berichten.

(3) In dem Geschäftsbericht sind ferner Angaben zu machen über

1. Aktien, die von dem Aktionär als Gründer oder Zeichner für Rechnung der Gesellschaft übernommen worden sind; sind solche Aktien im Laufe des Geschäftsjahrs verwertet worden, so ist auch über ihre Verwertung und die Verwendung des Erlöses zu berichten;
2. den Bestand an eigenen Aktien der Gesellschaft, die ihr oder einem anderen für ihre Rechnung gehören; sind solche Aktien im Laufe des Geschäftsjahrs erworben oder veräußert worden, so ist auch über den Erwerbs- oder Veräußerungspreis und die Verwendung des Erlöses zu berichten;
3. gebundene Aktien; eine Aktie gilt als gebundene Aktie, wenn der Aktionär durch ausdrückliche oder stillschweigende Vereinbarung zugunsten der Gesellschaft, einer abhängigen Gesellschaft oder einer Konzerngesellschaft in der Ausübung der Aktienrechte oder in der Veräußerung oder sonstigen Verfügung über die Aktie gebunden ist;

4. im Laufe des Geschäftsjahrs ausgegebene Genußscheine;
5. aus der Bilanz nicht ersichtliche Haftungsverhältnisse einschließlich von Pfandbestellungen und Sicherungsübereignungen sowie von Verbindlichkeiten aus der Begebung von Wechseln und Schecks;
6. die Gesamtbezüge der Mitglieder des Vorstandes und die der Mitglieder des Aufsichtsrats (Gehalt; Vergütungen, die in einem Anteil am Jahresgewinn bestehen; Aufwandsentschädigungen; Provisionen und Nebenleistungen jeder Art);
7. die Zugehörigkeit der Gesellschaft zu preis- und absatzregelnden Verbänden, Konventionen und ähnlichen Verbindungen;
8. Vorgänge von besonderer Bedeutung, die nach dem Ende des Geschäftsjahrs eingetreten sind.

(4) Die Berichterstattung hat den Grundsätzen einer gewissenhaften und getreuen Rechenschaftsablegung zu entsprechen. Sie kann nur insoweit unterbleiben, als das überwiegende Interesse einer der beteiligten Gesellschaften oder der Allgemeinheit es erfordert.

§ 260 b.

(1) Für die Aufstellung des Jahresabschlusses kommen, soweit nicht in den §§ 261 bis 261e ein anderes bestimmt ist, die Vorschriften des Vierten Abschnitts des Ersten Buches und im übrigen die Grundsätze ordnungsmäßiger Buchführung und Bilanzierung zur Anwendung.

(2) Der Jahresabschluß ist so klar und übersichtlich aufzustellen, daß er den Beteiligten einen möglichst sicheren Einblick in die Lage der Gesellschaft gewährt.

3. Der § 261 des Handelsgesetzbuchs ist in folgender Fassung anzuwenden:

§ 261.

Für den Ansatz der einzelnen Posten der Jahresbilanz gelten folgende Vorschriften:

1. Anlagen und andere Vermögensgegenstände, die dauernd zum Geschäftsbetriebe der Gesellschaft bestimmt sind, dürfen ohne Rücksicht auf einen geringeren Wert zu den Anschaffungs- oder Herstellungskosten angesetzt werden, wenn der Anteil an dem etwaigen Wertverlust, der sich bei seiner Verteilung auf die mutmaßliche Gesamtdauer der Verwendung oder Nutzung für den einzelnen Bilanzabschnitt ergibt, in Abzug oder in der Form von Wertberichtigungskonten in Ansatz gebracht wird. Bei der Berechnung der Herstellungskosten dürfen im angemessenen Umfang Abschreibungen berücksichtigt und angemessene Anteile an den Betriebs- und Verwaltungskosten eingerechnet werden, die auf den Zeitraum der Herstellung entfallen; Vertriebskosten gelten hierbei nicht als Bestandteil der Betriebs- und Verwaltungskosten.

   Wertpapiere, die dauernd zum Geschäftsbetriebe der Gesellschaft bestimmt sind, dürfen ohne Rücksicht auf einen geringeren Wert zu den Anschaffungskosten angesetzt werden, soweit nicht die Grundsätze ordnungsmäßiger Buchführung Abschreibungen auf die Anschaffungskosten erforderlich machen.
2. Wertpapiere und andere Vermögensgegenstände, die nicht dauernd zum Geschäftsbetriebe der Ge-

sellschaft bestimmt sind, sowie Waren und eigene Aktien der Gesellschaft dürfen höchstens zu den Anschaffungs- oder Herstellungskosten angesetzt werden. Bei der Berechnung der Herstellungskosten findet die Vorschrift der Nr. 1 Abs. 1 Satz 2 Anwendung.

Sind die Anschaffungs- oder Herstellungskosten höher als der Börsen- oder Marktpreis am Bilanzstichtage, so ist höchstens dieser Börsen- oder Marktpreis anzusetzen.

Übersteigen die Anschaffungs- oder Herstellungskosten, falls ein Börsen- oder Marktpreis nicht festzustellen ist, den Wert, der den Gegenständen am Bilanzstichtage beizulegen ist, so ist höchstens dieser Wert anzusetzen.

3. Die Kosten der Gründung und der Kapitalerhöhung dürfen nicht als Aktiven eingesetzt werden.
4. Für den Geschäfts- oder Firmenwert darf ein Posten unter die Aktiven nicht eingesetzt werden. Übersteigt jedoch die für die Übernahme eines Unternehmens bewirkte Gegenleistung die Werte der einzelnen Vermögensgegenstände des Unternehmens im Zeitpunkt der Übernahme, so darf der Unterschied gesondert unter die Aktiven aufgenommen werden. Der eingesetzte Aktivposten ist durch angemessene jährliche Abschreibungen zu tilgen.
5. Anleihen der Gesellschaft sind mit ihrem Rückzahlungsbetrag unter die Passiven aufzunehmen. Ist der Rückzahlungsbetrag höher als der Ausgabepreis, so darf der Unterschied gesondert unter die Aktiven aufgenommen werden. Der

eingesetzte Aktivposten ist durch jährliche Abschreibungen zu tilgen, die auf die gesamte Laufzeit der Anleihe verteilt werden dürfen.

6. Der Betrag des Grundkapitals ist unter die Passiven zum Nennbetrag einzusetzen.

4. Hinter § 261 des Handelsgesetzbuchs sind als §§ 261a bis e folgende Vorschriften einzufügen:

§ 261a.

(1) In der Jahresbilanz sind, soweit nicht der Geschäftszweig der Gesellschaft eine abweichende Gliederung bedingt, unbeschadet einer weiteren Gliederung folgende Posten gesondert auszuweisen:

A. Auf der Seite der Aktiven:

I. Rückständige Einlagen auf das Grundkapital.

II. Anlagevermögen.

1. Grundstücke ohne Berücksichtigung von Baulichkeiten;
2. Gebäude:
   a) Geschäfts- und Wohngebäude,
   b) Fabrikgebäude und andere Baulichkeiten;
3. Maschinen und maschinelle Anlagen;
4. Werkzeuge, Betriebs- und Geschäftsinventar;
5. Konzessionen, Patente, Lizenzen, Marken- und ähnliche Rechte.

III. Beteiligungen einschließlich der zur Beteiligung bestimmten Wertpapiere. Aktien einer Gesellschaft, deren Nennbeträge insgesamt den vierten Teil des Grundkapitals dieser Gesellschaft erreichen, sowie Kuxe einer bergrechtlichen Gewerkschaft, deren

Zahl insgesamt den vierten Teil der Kuxe dieser Gewerkschaft erreicht, gelten im Zweifel als zur Beteiligung bestimmt.

IV. Umlaufsvermögen.

1. Roh-, Hilfs- und Betriebsstoffe;
2. halbfertige Erzeugnisse;
3. fertige Erzeugnisse, Waren;
4. Wertpapiere, soweit sie nicht unter III oder IV Nr. 5, 11 oder 12 aufzuführen sind;
5. der Gesellschaft gehörige eigene Aktien unter Angabe ihres Nennbetrags;
6. der Gesellschaft zustehende Hypotheken, Grundschulden und Rentenschulden;
7. von der Gesellschaft geleistete Anzahlungen;
8. Forderungen auf Grund von Warenlieferungen und Leistungen;
9. Forderungen an abhängige Gesellschaften und Konzerngesellschaften;
10. Forderungen an Mitglieder des Vorstandes oder an gesetzliche Vertreter eines von der Gesellschaft abhängigen Unternehmens oder eines Unternehmens, von dem die Gesellschaft, der die Forderung zusteht, abhängt, sowie an den Ehegatten oder ein minderjähriges Kind dieser Personen sowie an einen Dritten, der für Rechnung einer dieser Personen handelt;
11. Wechsel;
12. Schecks;
13. Kassenbestand einschließlich Guthaben bei Notenbanken und Postscheckguthaben;
14. andere Bankguthaben.

V. Posten, die der Rechnungsabgrenzung dienen.

B. Auf der Seite der Passiven:

I. Grundkapital; die Gesamtnennbeträge der Vorzugsaktien jeder Gattung sind gesondert anzugeben; sind Aktien ausgegeben, denen ein höheres Stimmrecht beigelegt ist als den Aktien einer anderen Gattung oder die durch eine ihren Nennbeträgen nicht entsprechende Abstufung des Stimmrechts vor den Aktien einer anderen Gattung bevorzugt sind (Stimmrechtsaktien), so ist außerdem die Gesamtstimmenzahl der Stimmrechtsaktien und der im Stimmrecht nicht bevorzugten Aktien zu vermerken.

II. Reservefonds.
1. Gesetzlicher Reservefonds;
2. andere Reservefonds.

III. Rückstellungen.

IV. Wertberichtigungsposten.

V. Verbindlichkeiten.
1. Anleihen der Gesellschaft unter Anführung ihrer etwaigen hypothekarischen Sicherung;
2. auf Grundstücken der Gesellschaft lastende Hypotheken, soweit sie nicht Sicherungshypotheken sind oder zur Sicherung von Anleihen dienen, Grundschulden und Rentenschulden;
3. Anzahlungen von Kunden;
4. Verbindlichkeiten auf Grund von Warenlieferungen und Leistungen;
5. Verbindlichkeiten gegenüber abhängigen Gesellschaften und Konzerngesellschaften;
6. Verbindlichkeiten aus der Annahme von gezogenen Wechseln und der Ausstellung eigener Wechsel;
7. Verbindlichkeiten gegenüber Banken.

VI. Posten, die der Rechnungsabgrenzung dienen.

(2) Der Reingewinn oder Reinverlust des Jahres ist am Schlusse der Bilanz ungeteilt und vom vorjährigen Gewinn- oder Verlustvortrage gesondert auszuweisen.

(3) Beim Anlagevermögen und bei den Beteiligungen sind die auf die einzelnen Posten entfallenden Zu- und Abgänge gesondert aufzuführen. Die Verrechnung von Forderungen mit Verbindlichkeiten ist unzulässig; Entsprechendes gilt für Grundstücksrechte und -belastungen, denen eine persönliche Forderung nicht zugrunde liegt. Die Beträge der Reservefonds, der Rückstellungen und der Wertberichtigungsposten dürfen nicht unter den Verbindlichkeiten der Gesellschaft aufgeführt werden. Fallen Forderungen oder Verbindlichkeiten unter mehrere Posten, so ist bei dem Posten, unter dem sie ausgewiesen werden, die Mitzugehörigkeit zu den anderen Posten zu vermerken, soweit dies zur klaren und übersichtlichen Bilanzierung erforderlich ist. Der Gesellschaft gehörige eigene Aktien dürfen nicht unter anderen Posten aufgeführt werden.

§ 261 b.

Verbindlichkeiten aus Bürgschaften, Wechsel- und Scheckbürgschaften sowie aus Garantieverträgen sind, auch soweit ihnen gleichwertige Rückgriffsforderungen gegenüberstehen, in voller Höhe in der Bilanz zu vermerken.

§ 261 c.

(1) In der Gewinn- und Verlustrechnung sind, soweit nicht der Geschäftszweig der Gesellschaft eine abweichende Gliederung bedingt, unbeschadet einer

weiteren Gliederung folgende Posten gesondert auszuweisen:

I. Auf der Seite der Aufwendungen:
1. Löhne und Gehälter;
2. soziale Abgaben;
3. Abschreibungen auf Anlagen;
4. andere Abschreibungen;
5. Zinsen, soweit sie die Ertragszinsen übersteigen;
6. Besitzsteuern der Gesellschaft;
7. alle übrigen Aufwendungen mit Ausnahme der Aufwendungen für Roh-, Hilfs- und Betriebsstoffe, bei Handelsbetrieben mit Ausnahme der Aufwendungen für die bezogenen Waren.

II. Auf der Seite der Erträge:
1. Der Betrag, der sich nach Abzug der Aufwendungen für Roh-, Hilfs- und Betriebsstoffe, bei Handelsbetrieben nach Abzug der Aufwendungen für die bezogenen Waren, sowie nach Abzug der unter 2 bis 5 gesondert auszuweisenden Erträge ergibt;
2. Erträge aus Beteiligungen;
3. Zinsen, soweit sie die Aufwandszinsen übersteigen, und sonstige Kapitalerträge;
4. außerordentliche Erträge;
5. außerordentliche Zuwendungen.

(2) Der Reingewinn oder Reinverlust des Jahres ist am Schlusse der Gewinn- und Verlustrechnung ungeteilt und vom vorjährigen Gewinn- oder Verlustvortrage gesondert auszuweisen.

§ 261d.

Die Reichsregierung wird ermächtigt,

1. für die Aufstellung des Jahresabschlusses Formblätter mit der Maßgabe vorzuschreiben, daß die Bilanz und die Gewinn- und Verlustrechnung statt nach den Vorschriften der §§ 261a bis 261c nach diesen Formblättern zu gliedern sind;
2. für Konzerngesellschaften Vorschriften über die Aufstellung des eigenen und über die Aufstellung eines gemeinschaftlichen Jahresabschlusses zu erlassen.

§ 261e.

Auf eine Verletzung der Vorschriften der §§ 261a bis 261c sowie auf eine Nichtbeachtung von Formblättern, nach denen die Bilanz und die Gewinn- und Verlustrechnung zu gliedern sind, kann eine Anfechtung (§ 271) nicht gegründet werden.

Artikel VI.

Hinter § 262 des Handelsgesetzbuchs sind als §§ 262a bis g folgende Vorschriften einzufügen:

§ 262a.

(1) Der Jahresabschluß der Gesellschaft ist unter Einbeziehung der zugrunde liegenden Buchführung und des Geschäftsberichts durch einen oder mehrere sachverständige Prüfer (Bilanzprüfer) zu prüfen, bevor der Jahresabschluß der Generalversammlung zur Beschlußfassung vorgelegt wird.

(2) Die Bilanzprüfung darf sich nicht darauf beschränken, ob der Jahresabschluß äußerlich sachgemäß aufgestellt ist und mit der Inventur und den Geschäfts-

büchern übereinstimmt, sondern hat sich auch auf die Anwendung der Vorschriften der §§ 260, 260a und b, § 261, §§ 261a bis e, § 262 zu erstrecken.

§ 262b.

(1) Die Bilanzprüfer werden von der Generalversammlung gewählt; die Wahl soll vor dem Ablauf jedes Geschäftsjahrs erfolgen. Der Vorstand hat den gewählten Bilanzprüfern den Prüfungsauftrag zu erteilen.

(2) Der Vorstand, der Aufsichtsrat oder eine Minderheit, deren Anteile den zehnten Teil des Grundkapitals erreichen, sind berechtigt, im Interesse der Gesellschaft gegen die Auswahl der Bilanzprüfer zum Protokoll der Generalversammlung Widerspruch zu erheben. Der Widerspruch der Minderheit ist nur zu berücksichtigen, wenn glaubhaft gemacht wird, daß die die Minderheit bildenden Aktionäre seit mindestens drei Monaten, von der Generalversammlung zurückgerechnet, Inhaber der Aktien sind; zur Glaubhaftmachung genügt eine Versicherung an Eides Statt vor einem Gericht oder einem Notar.

(3) Über den Widerspruch entscheidet nach Anhörung der Beteiligten das Gericht des Sitzes der Gesellschaft; die Entscheidung unterliegt nicht der Beschwerde. Wird dem Widerspruch stattgegeben, so hat das Gericht nach Anhörung der amtlichen Vertretung des Handelsstandes andere Bilanzprüfer zu bestellen; die Bestellung ist endgültig.

(4) Hat die Generalversammlung Bilanzprüfer nicht gewählt, so hat auf Antrag des Vorstandes, des Aufsichtsrats oder eines Aktionärs das im Abs. 3 bezeichnete Gericht nach Anhörung der amtlichen Vertretung

des Handelsstandes die Bilanzprüfer zu bestellen; die Bestellung ist endgültig. Das gleiche gilt für den Fall, daß ein gewählter Bilanzprüfer die Annahme des Prüfungsauftrags ablehnt, wegfällt oder an dem rechtzeitigen Abschluß der Prüfung verhindert ist und nicht die Generalversammlung einen anderen Prüfer wählt.

(5) Die Wahl zum Bilanzprüfer kann auch vor dem Abschluß der Prüfung durch die Generalversammlung widerrufen werden; ist der Bilanzprüfer durch das Gericht bestellt, so steht die Befugnis zum Widerruf auf Antrag des Vorstandes dem Gericht zu.

§ 262c.

(1) Als Bilanzprüfer sollen nur gewählt oder bestellt werden

1. Personen, die in der Buchführung ausreichend vorgebildet und erfahren sind;
2. Prüfungsgesellschaften, von deren Inhabern, Vorstandsmitgliedern oder Geschäftsführern mindestens einer die in Nr. 1 bezeichneten Eigenschaften besitzt.

(2) Prüfer, auf deren Geschäftsführung die zu prüfende Gesellschaft maßgebenden Einfluß hat, dürfen als Bilanzprüfer weder gewählt noch bestellt werden. Vorstands- und Aufsichtsratsmitglieder und Angestellte der Gesellschaft können nicht als Bilanzprüfer gewählt oder bestellt werden.

§ 262d.

(1) Der Vorstand hat den Bilanzprüfern die Einsicht der Bücher und Schriften der Gesellschaft sowie die Untersuchung des Bestandes der Gesellschaftskasse und der Bestände an Wertpapieren und Waren zu gestatten.

(2) Die Bilanzprüfer können vom Vorstand alle Aufklärungen und Nachweise verlangen, welche die sorgfältige Erfüllung der ihnen obliegenden Prüfungspflicht erfordert.

§ 262e.

(1) Die Bilanzprüfer haben über das Ergebnis der Prüfung schriftlich zu berichten. In dem Bericht ist besonders festzustellen, ob die Buchführung, der Jahresabschluß und der Geschäftsbericht den Vorschriften der §§ 260, 260 a und b, § 261, §§ 261 a bis e, § 262 entsprechen und ob der Vorstand die verlangten Aufklärungen und Nachweise geliefert hat. Die Prüfer haben den Bericht zu unterzeichnen.

(2) Der Bericht ist dem Aufsichtsrate vorzulegen. Jedes Mitglied des Aufsichtsrats ist berechtigt, den Bericht einzusehen.

(3) Der Aufsichtsrat hat in seinen Bemerkungen zum Geschäftsbericht anzugeben, durch welche Stelle die Bilanzprüfung stattgefunden hat, und zu dem Berichte der Bilanzprüfer Stellung zu nehmen; er hat ferner in der Generalversammlung, die über den Jahresabschluß zu beschließen hat, Auskunft darüber zu erteilen, ob die Prüfung nach ihrem abschließenden Ergebnis zu wesentlichen Beanstandungen Anlaß gegeben hat oder nicht.

§ 262f.

(1) Sind nach dem abschließenden Ergebnis der Prüfung wesentliche Einwendungen nicht zu erheben, so haben die Bilanzprüfer dies durch einen Vermerk zu bestätigen; der Bestätigungsvermerk muß ergeben,

ob nach pflichtgemäßer Prüfung auf Grund der Bücher und Schriften der Gesellschaft sowie der vom Vorstand erteilten Aufklärungen und Nachweise die Buchführung, der Jahresabschluß und der Geschäftsbericht den gesetzlichen Vorschriften entsprechen.

(2) Der Wortlaut des Bestätigungsvermerks ist in alle Veröffentlichungen und Vervielfältigungen des Jahresabschlusses aufzunehmen.

§ 262g.

(1) Die Bilanzprüfer und, wenn sie sich bei der Prüfung anderer Personen bedienen, auch diese sind zur gewissenhaften und unparteiischen Prüfung und zur Verschwiegenheit verpflichtet. Sie dürfen Geschäfts- und Betriebsgeheimnisse, die sie bei der Wahrnehmung ihrer Obliegenheiten erfahren haben, nicht unbefugt verwerten. Wer seine Obliegenheiten verletzt, haftet der Gesellschaft für den daraus entstehenden Schaden. Mehrere Personen haften als Gesamtschuldner.

(2) Bei Fahrlässigkeit beschränkt sich die Haftpflicht für eine Prüfung auf hunderttausend Reichsmark, auch wenn an der Prüfung mehrere Personen beteiligt waren oder mehrere zum Ersatze verpflichtende Handlungen begangen worden sind; bei Vorsatz gilt dasselbe, wenn mehrere Personen haften, zugunsten der Personen, die selbst nicht vorsätzlich gehandelt haben.

(3) Die Verpflichtung zur Verschwiegenheit nach Abs. 1 Satz 1 besteht, wenn eine Prüfungsgesellschaft Bilanzprüfer ist, auch gegenüber dem Aufsichtsrat und den Mitgliedern des Aufsichtsrats der Prüfungsgesellschaft. Der Vorsitzende des Aufsichtsrats der Prüfungsgesellschaft und sein Stellvertreter dürfen jedoch die von der Prüfungsgesellschaft erstatteten Berichte einsehen, die hierbei erlangten Kenntnisse aber nur verwerten,

soweit es die Erfüllung der Überwachungspflicht des Aufsichtsrats erfordert.

(4) Die Haftung nach diesen Vorschriften kann durch Vertrag weder ausgeschlossen noch beschränkt werden.

(5) Die Ansprüche aus diesen Vorschriften verjähren in fünf Jahren.

Artikel VII.

Die §§ 266 bis 270 des Handelsgesetzbuchs sind in folgender Fassung anzuwenden:

§ 266.

(1) Die Generalversammlung kann mit einfacher Stimmenmehrheit die Bestellung von Prüfern zur Prüfung von Vorgängen bei der Gründung oder der Geschäftsführung beschließen. Bei der Beschlußfassung können Aktionäre, die zugleich Mitglieder des Vorstandes oder Aufsichtsrats sind, weder für sich noch für einen anderen mitstimmen, wenn die Prüfung sich auf Vorgänge erstrecken soll, die mit der dem Vorstand oder dem Aufsichtsrat zu erteilenden Entlastung oder der Einleitung eines Rechtsstreits zwischen Mitgliedern des Vorstandes oder des Aufsichtsrats und der Gesellschaft im Zusammenhange stehen.

(2) Ist in der Generalversammlung ein Antrag auf Bestellung von Prüfern zur Prüfung eines Vorganges bei der Gründung oder eines nicht länger als zwei Jahre zurückliegenden Vorganges bei der Geschäftsführung abgelehnt worden, so können auf Antrag einer Minderheit, deren Anteile zusammen den zehnten Teil des Grundkapitals erreichen, Prüfer durch das Gericht des Sitzes der Gesellschaft bestellt werden.

(3) Eine gleiche Minderheit hat das Recht, falls die Generalversammlung Prüfer bestellt hat, bei dem Gericht des Sitzes der Gesellschaft zu beantragen, daß andere Personen zu Prüfern bestellt werden.

(4) Ein Antrag nach Abs. 3 ist innerhalb einer Frist von zwei Wochen seit dem Tage der Generalversammlung zu stellen.

(5) Dem Antrag nach Abs. 2 ist nur stattzugeben, wenn Verdachtsgründe beigebracht werden, daß bei dem Vorgang Unredlichkeiten oder grobe Verletzungen des Gesetzes oder des Gesellschaftsvertrags stattgefunden haben. Die Antragsteller haben die Aktien bis zur Entscheidung über den Antrag zu hinterlegen und glaubhaft zu machen, daß sie seit mindestens drei Monaten, von der Generalversammlung zurückgerechnet, Inhaber der Aktien sind; zur Glaubhaftmachung genügt eine eidesstattliche Versicherung vor einem Gericht oder einem Notar.

(6) Vor der Bestellung sind der Vorstand und der Aufsichtsrat zu hören. Die Bestellung kann im Falle des Abs. 2 auf Verlangen von einer nach freiem Ermessen zu bestimmenden Sicherheitsleistung abhängig gemacht werden, wenn glaubhaft gemacht wird, daß der Gesellschaft auf Grund des § 267 Abs. 4 Satz 2 oder von Vorschriften des bürgerlichen Rechts gegen die Kläger oder einzelne von ihnen ein Ersatzanspruch zusteht oder erwachsen kann.

(7) Die Vorschriften des § 262c über die Auswahl der Bilanzprüfer und des § 262g über die Verantwortlichkeit der Bilanzprüfer finden auf Prüfer, die nach § 266 zur Prüfung von Vorgängen bei der Gründung oder der Geschäftsführung bestellt sind, entsprechende

Anwendung, die Vorschrift des § 262c jedoch nur, soweit es sich um Prüfer handelt, die das Gericht bestellt hat.

§ 267.

(1) Der Vorstand hat in den Fällen des § 266 den Prüfern die Einsicht der Bücher und Schriften der Gesellschaft und die Untersuchung des Bestandes der Gesellschaftskasse sowie der Bestände an Wertpapieren und Waren zu gestatten.

(2) Die Prüfer können von dem Vorstand alle Aufklärungen und Nachweise verlangen, welche die sorgfältige Erfüllung der ihnen obliegenden Prüfungspflicht erfordert.

(3) Der Bericht über das Ergebnis der Prüfung ist von den Prüfern unverzüglich dem Vorstand und zum Handelsregister der Hauptniederlassung einzureichen und von dem Vorstand bei der Berufung der nächsten Generalversammlung als Gegenstand der Beschlußfassung anzukündigen.

(4) Im Falle des § 266 Abs. 2 beschließt die Generalversammlung, ob die entstandenen Kosten von der Gesellschaft zu tragen sind. Wird der Antrag auf Ernennung von Prüfern durch das Gericht zurückgewiesen oder erweist er sich nach dem Ergebnis der Prüfung als unbegründet, so sind die Aktionäre, denen Vorsatz oder grobe Fahrlässigkeit zur Last fällt, für einen der Gesellschaft durch den Antrag entstehenden Schaden als Gesamtschuldner haftbar.

§ 268.

(1) Die Ansprüche der Gesellschaft aus der Gründung gegen die nach den §§ 202 bis 204, 208 verpflichteten

Personen oder aus der Geschäftsführung gegen die Mitglieder des Vorstandes und des Aufsichtsrats müssen geltend gemacht werden, wenn es in der Generalversammlung mit einfacher Stimmenmehrheit beschlossen oder von einer Minderheit, deren Anteile zusammen den zehnten Teil des Grundkapitals erreichen, verlangt wird. Sind in einem Prüfungsbericht (§ 193 Abs. 2, § 207 Abs. 2, §§ 262e, 267 Abs. 2 des Handelsgesetzbuchs) Tatsachen festgestellt worden, aus denen sich Ersatzansprüche gegen die nach §§ 202, 204, 208 verpflichteten Personen oder gegen Mitglieder des Vorstandes oder Aufsichtsrats ergeben, so müssen diese Ansprüche geltend gemacht werden, wenn es in der Generalversammlung mit einfacher Stimmenmehrheit beschlossen oder von einer Minderheit, deren Anteile den zwanzigsten Teil des Grundkapitals erreichen, verlangt wird.

(2) Zur Führung des Rechtsstreits kann die Generalversammlung besondere Vertreter wählen. Ist die Geltendmachung des Anspruchs von der Minderheit verlangt, so können die von dieser bezeichneten Personen durch das Gericht des Sitzes der Gesellschaft als deren Vertreter zur Führung des Rechtsstreits bestellt werden. Im übrigen bewendet es bei den Vorschriften des § 247; diese kommen auch dann zur Anwendung, wenn die Geltendmachung des Anspruchs von der Minderheit verlangt ist.

§ 269.

(1) Die Geltendmachung eines Anspruchs auf Verlangen der Minderheit muß innerhalb eines Zeitraums von drei Monaten seit dem Tage der Generalversammlung erfolgen. Der Klage ist das Protokoll der

Generalversammlung, soweit es die Geltendmachung des Anspruchs betrifft, in öffentlich beglaubigter Abschrift beizufügen.

(2) Die Minderheit hat eine den zehnten Teil und im Falle des § 268 Abs. 1 Satz 2 eine den zwanzigsten Teil des Grundkapitals der Gesellschaft erreichende Anzahl von Aktien für die Dauer des Rechtsstreits zu hinterlegen; es ist glaubhaft zu machen, daß die die Minderheit bildenden Aktionäre seit mindestens drei Monaten, von der Generalversammlung zurückgerechnet, Inhaber der Aktien sind; zur Glaubhaftmachung genügt eine eidesstattliche Versicherung vor einem Gericht oder einem Notar. Das Prozeßgericht kann die vorzeitige Rücknahme der hinterlegten Aktien gestatten.

(3) Macht der Beklagte glaubhaft, daß ihm auf Grund des Abs. 5 oder von Vorschriften des bürgerlichen Rechtes gegen die die Minderheit bildenden Aktionäre oder einzelne von ihnen ein Ersatzanspruch zusteht oder erwachsen kann, so kann das Gericht anordnen, daß ihm von der Minderheit Sicherheit zu leisten ist. Art und Höhe der Sicherheitsleistung bestimmt das Gericht nach freiem Ermessen. Die Vorschriften der Zivilprozeßordnung über die Festsetzung einer Frist zur Sicherheitsleistung und über die Folgen der Versäumung der Frist finden Anwendung.

(4) Die Minderheit ist der Gesellschaft gegenüber verpflichtet, die der Gesellschaft zur Last fallenden Kosten des Rechtsstreits zu tragen.

(5) Für den Schaden, der dem Beklagten durch eine unbegründete Klage entsteht, haften ihm die Aktionäre, denen Vorsatz oder grobe Fahrlässigkeit zur Last fällt, als Gesamtschuldner.

§ 270.

Auf einen Anspruch, dessen Geltendmachung die Minderheit auf Grund der Vorschriften des § 268 Abs. 1 verlangt hat, kann die Gesellschaft nur verzichten, wenn von den die Minderheit bildenden Aktionären so viele zustimmen, daß die Aktien der übrigen nicht mehr den zehnten Teil und im Falle des § 268 Abs. 1 Satz 2 den zwanzigsten Teil des Grundkapitals darstellen; dasselbe gilt für einen Vergleich.

Artikel VIII.

(1) Bestimmungen des Gesellschaftsvertrags über die Zusammensetzung und Bestellung des Aufsichtsrats und über die Vergütung der Mitglieder des Aufsichtsrats treten mit Beendigung der ersten Generalversammlung außer Kraft, die über den Abschluß des bei Inkrafttreten dieses Teiles laufenden Geschäftsjahrs abgehalten wird. In dieser Generalversammlung können neue Bestimmungen über die Zusammensetzung und Bestellung des Aufsichtsrats und über die Vergütung der Mitglieder des Aufsichtsrats mit einfacher Stimmenmehrheit beschlossen werden.

(2) Das Amt der gewählten Mitglieder des Aufsichtsrats erlischt mit Beendigung der im Abs. 1 bezeichneten Generalversammlung.

(3) Die Gesamtzahl der Mitglieder des Aufsichtsrats darf nach der Neuwahl nicht mehr als dreißig betragen.

(4) Zum Mitglied des Aufsichtsrats kann nicht gewählt werden, wer bereits in zwanzig Aktiengesellschaften oder Kommanditgesellschaften auf Aktien Mitglied des Aufsichtsrats ist.

Artikel IX.

(1) In besonders schweren Fällen des § 312 (Handeln zum Nachteil der Gesellschaft) sowie des § 314 Abs. 1 Nr. 1 (unwahre Darstellung oder Verschleierung) kann auf Zuchthaus bis zu 5 Jahren erkannt werden.

(2) Hinter § 318 des Handelsgesetzbuchs ist als § 318a folgende Vorschrift einzufügen:

§ 318a.

Mit Gefängnis oder mit Geldstrafe wird bestraft:

1. wer als Prüfer oder als Gehilfe eines Prüfers über das Ergebnis der Prüfung falsch berichtet oder erhebliche Umstände im Berichte verschweigt;
2. wer entgegen den Vorschriften dieses Abschnitts seine Pflicht zur Verschwiegenheit verletzt oder Geschäfts- und Betriebsgeheimnisse, die er bei Wahrnehmung seiner Obliegenheiten erfahren hat, unbefugt verwertet;
3. wer als Aufsichtsratsvorsitzender einer Prüfungsgesellschaft oder als sein Stellvertreter entgegen der Vorschrift des § 262g Abs. 3 Satz 2 die durch Einsicht eines Berichts erlangten Kenntnisse verwertet, ohne daß es die Erfüllung der Überwachungspflicht des Aufsichtsrats fordert.

Artikel X.

(1) Die Vorschriften der Artikel I bis IX gelten für die Kommanditgesellschaft auf Aktien entsprechend.

(2) Die den Vorstand der Aktiengesellschaft betreffenden Vorschriften über die Aufstellung, Vorlegung

und Veröffentlichung des Jahresabschlusses, über die Vorlegung, den Inhalt und die Prüfung des Geschäftsberichts, über die Geltendmachung von Ersatzansprüchen der Gesellschaft wegen der Geschäftsführung sowie die Strafvorschriften des Artikel IX dieses Teiles gelten für die persönlich haftenden Gesellschafter entsprechend.

Artikel XI.

(1) Die im § 226 Abs. 1 Nr. 2 bestimmte Frist von sechs Monaten beginnt frühestens mit dem Inkrafttreten dieses Teiles.

(2) Aktien, die die Gesellschaft bei Inkrafttreten dieses Teiles besitzt, können noch bis zum Ablauf von sechs Monaten nach dem Inkrafttreten dieses Teiles nach Maßgabe des § 227 Abs. 3 Nr. 3 eingezogen werden.

Artikel XII.

Im § 63 Abs. 2 des Gesetzes über die Beaufsichtigung der privaten Versicherungsunternehmungen und Bausparkassen vom 6. Juni 1931 (Reichsgesetzbl. I S. 315) wird das Wort zweihundertfünfzigtausend durch das Wort hunderttausend ersetzt.

Artikel XIII.

(1) Die Vorschriften dieses Teiles treten am 1. Oktober 1931 in Kraft.

(2) Die Reichsregierung bestimmt den Zeitpunkt, mit dem die Vorschriften des Artikel V in Kraft treten. Sie erläßt die zur Überleitung erforderlichen Rechts- und allgemeinen Verwaltungsvorschriften.

(3) Die Reichsregierung bestimmt ferner den Zeitpunkt, mit dem die Vorschriften des Artikel VI und die

sich aus Artikel VII dieses Teiles ergebende neue Fassung des § 266 Abs. 1 Satz 1 in Kraft treten. Der Zeitpunkt kann je nach dem Geschäftszweig und der wirtschaftlichen Bedeutung der Gesellschaften verschieden bestimmt werden. Soweit in dem § 266 Abs. 7 auf die §§ 262d und g verwiesen ist, gelten diese bereits als an dem im Abs. 1 bezeichneten Tage in Kraft getreten.

Artikel XIV.

(1) Die Reichsregierung wird ermächtigt, die zur Durchführung dieses Teiles erforderlichen Rechtsverordnungen und allgemeinen Verwaltungsvorschriften zu erlassen. Sie kann insbesondere

1. die Befähigung zur Ausübung der Tätigkeit als Gründungs- oder Bilanzprüfer von besonderen Voraussetzungen abhängig machen,
2. allgemeine Anweisungen für die Durchführung der Gründungs- oder Bilanzprüfung aufstellen.

(2) Sie wird ferner ermächtigt,

1. zu bestimmen, daß für das zur Zeit des Inkrafttretens dieser Verordnung laufende Geschäftsjahr die Bilanzprüfer vom Aufsichtsrat gewählt werden,
2. durch allgemeine Anordnung für Aktiengesellschaften und Kommanditgesellschaften auf Aktien geringeren Umfanges oder von besonderer Art Ausnahmen von den Vorschriften zuzulassen, die die Gliederung der Jahresbilanz und der Gewinn- und Verlustrechnung oder die Prüfung des Jahresabschlusses durch Bilanzprüfer betreffen,

3. durch allgemeine Anordnung zu bestimmen, welche Gesellschaften als solche geringeren Umfanges oder von besonderer Art anzusehen sind,
4. bis zum Inkrafttreten der Vorschriften der §§ 262a bis g und der sich aus Artikel VII dieses Teiles ergebenden neuen Fassung des § 266 Abs. 1 Satz 1 einstweilige Vorschriften für die Prüfung des Jahresabschlusses der Gesellschaft unter Einbeziehung der zugrunde liegenden Buchführung und des Geschäftsberichts des Vorstandes zu erlassen.

Anhang.

Kuratorium und Reichskommissar für das Bankgewerbe.

(Verordnung des Reichspräsidenten über Aktienrecht, Bankenaufsicht und über eine Steueramnestie. Vom 19. September 1931. Zweiter Teil.)

Artikel 1.

§ 1.

(1) Bei der Reichsbank wird ein Kuratorium für das Bankgewerbe bestellt.

(2) Das Kuratorium für das Bankgewerbe besteht aus 5 Mitgliedern, dem Reichsbankpräsidenten als Vorsitzenden, den Staatssekretären des Reichswirtschaftsministeriums und des Reichsfinanzministeriums, einem von dem Reichsbankpräsidenten zu bestellenden Mitglied des Reichsbankdirektoriums und dem Reichskommissar für das Bankgewerbe.

(3) Der Reichskommissar für das Bankgewerbe ist eine Behörde, die dem Reichswirtschaftsminister untersteht. Der Reichskommissar für das Bankgewerbe hat seinen Sitz in Berlin.

(4) Der Reichskommissar für das Bankgewerbe wird von dem Reichspräsidenten auf Vorschlag der Reichsregierung ernannt; der Vorschlag erfolgt im Benehmen mit dem Reichsbankpräsidenten. Der Reichskommissar für das Bankgewerbe ist Reichsbeamter.

(5) Die Mitglieder des Kuratoriums beziehen für ihre Tätigkeit keine Vergütung.

§ 2.

(1) Vorbehaltlich der Entscheidung der Reichsregierung in Zweifelsfällen stellt das Kuratorium für das Bankgewerbe Richtlinien auf, nach denen der Reichskommissar für das Bankgewerbe sein Amt zu führen hat. In den Richtlinien ist insbesondere zu bestimmen, inwieweit der Reichskommissar von seinen Befugnissen gegenüber denjenigen Banken, die nicht zur Veröffentlichung von Bilanzen verpflichtet sind, Gebrauch machen soll. Dem Kuratorium liegt es auch ob, die Zusammenarbeit zwischen der Reichsbank und dem Reichskommissar für das Bankgewerbe zu vermitteln.

(2) Das Kuratorium entscheidet darüber, ob ein Unternehmen als Bank im Sinne dieses Artikels zu gelten hat. Die Entscheidung bindet die Gerichte und Verwaltungsbehörden.

§ 3.

(1) Der Reichskommissar für das Bankgewerbe hat sich über die Lage des deutschen Bankgewerbes und der deutschen Kreditwirtschaft, insbesondere ihre Beziehungen zum Ausland, fortlaufend zu unterrichten und die allgemeine Bankenpolitik vom Standpunkt der deutschen Gesamtwirtschaft aus zu beeinflussen.

(2) Der Reichskommissar für das Bankgewerbe ist im Rahmen des ihm durch Abs. 1 zugewiesenen Aufgabenkreises jederzeit befugt:

1. von den Banken und ihren Verwaltungsorganen Auskünfte über alle Geschäftsangelegenheiten zu fordern, die Bücher und Schriften der Banken einzusehen, gegebenenfalls Nachprüfungen zu veranlassen und Mitteilungen über seine Wahrnehmungen den satzungsmäßigen Organen der in Betracht kommenden Bank,

den Mitgliedern ihrer Verwaltungsorgane sowie, falls die Bank der Behördenaufsicht untersteht, ihrer Aufsichtsbehörde zu machen;

2. an den Generalversammlungen, den sonstigen Mitgliederversammlungen und an den Sitzungen der Verwaltungsorgane der Banken teilzunehmen und in ihnen das Wort zu ergreifen;

3. die Berufung der Generalversammlung, die Berufung einer sonstigen Mitgliederversammlung, die Anberaumung von Sitzungen der Verwaltungsorgane sowie die Ankündigung von Gegenständen zur Beschlußfassung zu verlangen.

(3) Der Reichskommissar für das Bankgewerbe kann mit Zustimmung des Kuratoriums für das Bankgewerbe seine Befugnisse auf andere Stellen übertragen.

(4) Zur Befolgung der Anordnungen nach Abs. 2 kann der Reichskommissar für das Bankgewerbe die Inhaber und Geschäftsleiter der Banken durch Ordnungsstrafen in Geld bis zu 100 000 Reichsmark anhalten. Gegen die Festsetzung einer Ordnungsstrafe ist die Beschwerde an den Reichswirtschaftsminister zulässig, die bei diesem schriftlich binnen einem Monat einzulegen ist. Solche Ordnungsstrafen werden ebenso beigetrieben wie Gemeindeabgaben.

§ 4.

Im Rahmen des ihm durch § 3 Abs. 1 zugewiesenen Aufgabenkreises ist der Reichskommissar für das Bankgewerbe jederzeit befugt, von allen Personen, die ihren Wohnsitz, Sitz oder den Ort der Leitung im Deutschen Reiche haben, auch wenn diese Personen nicht das Bankgewerbe betreiben, Angaben über den Stand ihrer Zahlungsverpflichtungen und Zahlungsansprüche gegenüber Personen, die ihren

Wohnsitz, Sitz oder den Ort der Leitung im Ausland oder im Saargebiete haben, zu fordern.

§ 5.

Die Reichs-, Landes- und Kommunalbehörden haben dem Reichskommissar für das Bankgewerbe zur Erfüllung seiner Obliegenheiten Hilfe zu leisten.

§ 6.

(1) Der Reichskommissar für das Bankgewerbe hat über seine Wahrnehmungen dem Kuratorium für das Bankgewerbe sowie der Reichsregierung und dem Reichsbankdirektorium auf deren Verlangen Bericht zu erstatten und bei der Behandlung von Angelegenheiten von grundsätzlicher Bedeutung sich der Zustimmung des Kuratoriums zu vergewissern; im Falle der Feststellung von Mißständen hat er Vorschläge für ihre Abstellung zu unterbreiten.

(2) Der Reichskommissar für das Bankgewerbe ist befugt, dem Kuratorium für das Bankgewerbe Vorschläge für Grundsätze allgemeiner Art über die Geschäftsführung der Banken zu machen. Das Kuratorium für das Bankgewerbe entscheidet, ob und welche Grundsätze allgemeiner Art über die Geschäftsführung der Banken von dem Reichskommissar für das Bankgewerbe aufzustellen sind; diese Ermächtigung erstreckt sich auch auf die Aufstellung von Grundsätzen für die Bedingungen, unter denen Banken das Stimmrecht aus ihnen zur Aufbewahrung übergebenen Wertpapieren ausüben.

§ 7.

(1) Der Reichskommissar für das Bankgewerbe und die Personen, deren er sich zur Erfüllung seiner Obliegenheiten

bedient, sind zur Verschwiegenheit verpflichtet. Sie dürfen Geschäfts- und Betriebsgeheimnisse, die sie bei Wahrnehmung ihres Dienstes erfahren haben, nicht unbefugt verwerten. Angestellte sind auf gewissenhafte Erledigung ihrer Obliegenheiten durch Handschlag zu verpflichten.

(2) Die in dem Gesetze vorgeschriebenen Pflichten werden durch Ausscheiden aus dem Dienste oder Beendigung der Tätigkeit nicht berührt.

§ 8.

(1) Wer den vom Reichskommissar für das Bankgewerbe erlassenen Vorschriften zuwider die Anmeldung von Zahlungsverpflichtungen und Zahlungsansprüchen gegenüber Personen, die ihren Wohnsitz, Sitz oder den Ort der Leitung im Ausland oder im Saargebiete haben, nicht, nicht rechtzeitig oder nicht vollständig bewirkt, wird mit Geldstrafe bestraft.

(2) Wer auf das Erfordern zur Auskunfterteilung gegenüber dem Reichskommissar für das Bankgewerbe oder der Stelle, auf die er seine Befugnisse übertragen hat (§ 3 Abs. 3), oder den Personen, deren er sich zur Erfüllung seiner Obliegenheiten bedient, falsche Angaben macht, wird mit Gefängnis oder mit Geldstrafe bestraft.

(3) Wer entgegen § 7 Abs. 1 seine Pflicht zur Verschwiegenheit verletzt oder Geschäfts- und Betriebsgeheimnisse, die er bei Wahrnehmung seiner Obliegenheiten erfahren hat, unbefugt verwertet, wird mit Gefängnis oder mit Geldstrafe bestraft.

(4) Die in Abs. 1 und Abs. 2 unter Strafe gestellten Handlungen werden nur auf Antrag des Reichskommissars für das Bankgewerbe, die in Abs. 3 unter Strafe gestellten Handlungen nur auf Antrag des Reichswirtschaftsministers verfolgt.

§ 9.

Die Kosten des Reichskommissars für das Bankgewerbe sind dem Reiche von den Banken zu erstatten. Der Reichswirtschaftsminister stellt die zur Durchführung der Erstattung erforderlichen Grundsätze auf und regelt das Verfahren.

§ 10.

(1) Die Vorschriften des Bankgesetzes werden durch diesen Artikel nicht berührt.

(2) Die Vorschriften dieses Artikels mit Ausnahme des § 4 finden keine Anwendung auf

1. die Privatnotenbanken und die Deutsche Golddiskontbank,
2. die Hypothekenbanken, soweit sie nicht gemäß § 46 des Hypothekenbankgesetzes Geschäfte in weiterem als dem im § 5 daselbst bezeichneten Umfang betreiben,
3. die Bausparkassen und solche Geschäftsbetriebe, die diesen gemäß § 112 Abs. 2 des Gesetzes über die Beaufsichtigung der privaten Versicherungsunternehmungen vom 6. Juni 1931 (Reichsgesetzbl. I S. 315) gleichgestellt sind oder gleichgestellt werden,
4. Wohnungsunternehmungen, die nach Kapitel III des Siebenten Teiles der Verordnung des Reichspräsidenten zur Sicherung von Wirtschaft und Finanzen vom 1. Dezember 1930 (Reichsgesetzbl. I S. 517) als gemeinnützig anerkannt sind,
5. die öffentlich-rechtlichen und die auf privatem Rechte beruhenden Sparkassen, die hinsichtlich der Beaufsichtigung gleichartigen Vorschriften wie die öffentlich-rechtlichen Sparkassen ihres Landes unterstellt sind.

§ 11.

Die Reichsregierung ist ermächtigt, die zur Durchführung dieses Artikels erforderlichen Rechtsverordnungen und allgemeinen Verwaltungsvorschriften zu erlassen.

Artikel 2.

Die dem Besoldungsgesetze vom 16. Dezember 1927 (Reichsgesetzbl. I S. 349) als Anlage 2 beigefügte Besoldungsordnung B, Feste Gehälter, wird wie folgt ergänzt:

In der Besoldungsgruppe 5 ist vor „Reichsjustizministerium" anzufügen:

„Reichswirtschaftsministerium
Reichskommissar für das Bankgewerbe."

Artikel 3.

Für die Planstelle des Reichskommissars für das Bankgewerbe sind die erforderlichen Ausgabemittel in dem Einzelplan VI, Haushalt des Reichswirtschaftsministeriums für das Rechnungsjahr 1931, unter Kapitel 1 der fortdauernden Ausgaben des ordentlichen Haushalts Titel 1 Besoldungen, Feste Gehälter, B 5 zur Verfügung zu stellen.

Artikel 4.

Dieser Teil tritt am 1. Oktober 1931 in Kraft.

Sachregister.

(Die Ziffern bezeichnen die Seiten.)

Gedruckt bei A. W. Hayn's Erben, Potsdam.

Nachweis wichtiger Gesetzesausgaben

mit und ohne Erläuterungen, größere und kleinere Kommentare, Lehrbücher, Sammelwerke, Entscheidungssammlungen, Zeitschriften

Verlag Walter de Gruyter & Co., Berlin W 10 Genthiner Str. 38

Frühjahr 1931

Inhaltsübersicht

I. Allgemeines, Sammelwerke.

Handwörterbuch der Rechtswissenschaft. Unter Mitberatung von Reichsgerichtspräsident Dr. Dr. E. Bumke, Reichsgerichtsrat L. Busch, Oberreichsanwalt Prof. Dr. L. Ebermayer, Geh. Justizrat Professor Dr. Dr. Fr. Endemann, Geh. Justizrat Professor Dr. Dr. E. Heymann, Senatspräsident am Reichsgericht Dr. O. Strecker, Präsident des Bayerischen Obersten Landesgerichts Staatsrat Dr. K. v. Unzner †, herausgegeben von Dr. jur. **Fritz Stier-Somlo,** o. Professor an der Universität Köln, und Dr. jur. **Alexander Elster,** Berlin. 6 Bände. Lexikon-Oktav. 1926/29. In Halbleder geb. RM. 304.—

Ein Ergänzungsband, der das Handwörterbuch bis auf den letzten Stand von Wissenschaft und Praxis fortführt, befindet sich im Druck.

„Es zeigt sich doch jetzt immer mehr, daß Ihr Handwörterbuch ein ganz großer Wurf war. Wie ich höre, wird es auch in der Praxis in steigendem Maße benutzt." Professor Dr. Nipperdey, Köln.

Die Reichsgerichtspraxis im deutschen Rechtsleben. Festgabe der juristischen Fakultäten zum 50jährigen Bestehen des Reichsgerichts (1. Oktober 1929), unter Mitwirkung der Professoren Gerhard Anschütz, Heidelberg, Ernst Heymann, Berlin, Theodor Kipp, Berlin, Wilhelm Kisch, München, Alfred Schultze, Leipzig, Heinrich Siber, Leipzig, herausgegeben von Otto Schreiber, weiland Professor in Königsberg i. Pr. 6 Bde. Groß-Oktav. 1929.
Geh. RM. 110.—, in Halbfranz geb. RM. 134.—

I. Band: Öffentliches Recht. II. Band: Zivil- und Handelsrecht. III. Band: Zivil- und Handelsrecht (Fortsetzung). IV. Band: Handels- und Wirtschaftsrecht. V. Band: Strafrecht und Strafprozeß. VI. Band: Zivilprozeßrecht.

Die Bände werden einzeln abgegeben.

Mit dieser umfangreichen Festgabe wird eine große, systematisch geordnete Reihe hervorragender Monographien veröffentlicht, die durchweg besonders wichtige und schwierige Fragen aus allen Teilen des Rechts behandeln.

Fünfzig Jahre Reichsgericht am 1. Oktober 1929. Von Dr. Adolf **Lobe,** Senatspräsident am Reichsgericht i. R., M. d. R. unter Mitarbeit von Mitgliedern und Beamten des Reichsgerichts, der Reichsanwaltschaft und der Rechtsanwaltschaft am Reichsgericht. Mit 14 Porträts und 15 Abbildungen. Lexikon-Oktav. VI, 436 Seiten. 1929.
RM. 20.—, in Halbfranz RM. 24.—

Von den beiden Festschriften „Lobe, Fünfzig Jahre Reichsgericht" und der Festgabe der juristischen Fakultäten gibt die vorliegende ein Bild der organisatorischen Gestaltung des Reichsgerichts und seiner Einrichtungen, in deren Schutz sich seine Aufgaben und seine Arbeit gestalten. Ausführlicher Prospekt mit Inhaltsverzeichnis kostenlos.

Bürgerliches Rechtslexikon. (Nach dem Bürgerlichen Gesetzbuch, dem Handelsgesetzbuch und sonstigen Reichs- und Landesgesetzen.) Von E. **Christiani,** weil. Amtsgerichtsrat. Vierte, durchgearbeitete und verbesserte Auflage von Dr. Alexander **Elster,** Rechtsanwalt Dr. Hugo **Hoormann,** Amtsgerichtsrat Georg **Krause,** Lexikon-Oktav. IV, 474 Seiten. 1930 . . . . Geb. RM. 15.—

„Wir kennen kein zweites Werk, das das gleiche Material in so kurzer, trefflicher und verständlicher Weise enthält und das so brauchbar wäre wie das hiermit warm empfohlene Buch."
Zeitschrift für das gesamte Gebiet der direkten Steuern.

Hedemann, J. W., **Einführung in die Rechtswissenschaft.** Zweite, erweiterte und umgestaltete Auflage. Oktav. XXII, 566 Seiten. 1927. (Lehrbücher und Grundrisse der Rechtswissenschaft Bd. IX.)
RM. 14.—, geb. RM. 16.—

„. . . Das Buch Hedemanns, welches die Aufgabe einer Einführung am reichsten und umfassendsten auffaßt und löst . . .“
Juristische Wochenschrift.

Sternberg, Theodor, **Einführung in die Rechtswissenschaft.**
I. Teil: Methoden- und Quellenlehre. Zweite, neugestaltete Auflage. Verbesserter Neudruck. 190 Seiten. 1927. (Sammlung Göschen Bd. 169.)
Geb. RM. 1.80
II. Teil: Das Rechtssystem. Erste Hälfte: Grundbegriffe und Privatrecht. Zweite, vermehrte Auflage. 133 Seiten. 1922. (Sammlung Göschen Bd. 170.) . . . . Geb. RM. 1.80

Eine in ihrer Knappheit ganz ausgezeichnete Darstellung der juristischen Begriffe und Probleme.

Schröder, Richard, und **Künßberg**, F., **Lehrbuch der deutschen Rechtsgeschichte.** Sechste, verbesserte Auflage. Groß-Oktav. Mit einer Abbildung im Text, fünf Tafeln und einem Bildnis. 1124 Seiten. 1922.
RM. 26.—, in Halbleder geb. RM. 30.—

Dieses bekannte Lehrbuch hat sich seit langen Jahren bestens bewährt.

Fehr, Hans, **Deutsche Rechtsgeschichte.** Zweite, verbesserte und ergänzte Auflage. Oktav. 416 Seiten. 1925. (Lehrbücher und Grundrisse der Rechtswissenschaft Bd. X.) RM. 13.—, geb. RM. 14.50

Das Buch gibt eine plastische Darstellung der deutschen Rechtsgeschichte, die eine Anhäufung von Stoff ausdrücklich vermeidet, vielmehr das Schwergewicht auf eine mehr ideengeschichtliche Behandlung des Gegenstandes legt.

Schröder, Richard, und **Glitsch**, Heinrich, **Deutsche Rechtsgeschichte.** Zweite Auflage. Neudruck.
I. Bis zum Ende des Mittelalters. 160 Seiten. 1929. (Sammlung Göschen Bd. 621.) . . . . Geb. RM. 1.80
II. Die Neuzeit. 90 Seiten. 1929. (Sammlung Göschen Bd. 664.)
Geb. RM. 1.80

Eine gemeinverständliche kurze Darstellung der deutschen Rechtsgeschichte.

Giese, Friedrich, **Preußische Rechtsgeschichte.** Übersicht über die Rechtsentwicklung der preußischen Monarchie und ihrer Landesteile. Ein Lehrbuch für Studierende. Groß-Oktav. 256 Seiten. 1920.
RM. 5.—, geb. RM. 6.50

„Das Buch ist nicht ein, sondern das (bisher fehlende) Lehrbuch der preußischen Rechtsgeschichte.“
Dr. Karl Strupp im „Verwaltungsarchiv“

von Mayr, Robert, **Römische Rechtsgeschichte.** I. Buch. Die Zeit des Volksrechtes. 1. Hälfte: Das öffentliche Recht. 150 Seiten. 1912. (Sammlung Göschen Bd. 577.) . . . . Geb. RM. 1.80
2. Hälfte: Das Privatrecht. 117 Seiten. 1912. (Sammlung Göschen Bd. 578.) . . . . Geb. RM. 1.80
II. Buch: Die Zeit des Amts- und Verkehrsrechtes. 1. Hälfte: Das öffentliche Recht. 158 Seiten. 1912. (Sammlung Göschen Bd. 645.)
Geb. RM. 1.80
2. Hälfte: Das Privatrecht I. 122 Seiten. 1913. (Sammlung Göschen Bd. 646.) . . . . Geb. RM. 1.80
Das Privatrecht II. 150 Seiten. 1913. (Sammlung Göschen Bd. 647.)
Geb. RM. 1.80

III. Buch. Die Zeit des Reichs- und Volksrechtes. 111 Seiten. 1913. (Sammlung Göschen Bd. 648.) . . . . Geb. RM. 1.80
IV. Buch. Die Zeit der Orientalisierung des römischen Rechtes. 155 Seiten. 1913. (Sammlung Göschen Bd. 697.) . . . . Geb. RM. 1.80

Stammler, Rudolf, **Lehrbuch der Rechtsphilosophie.** Dritte, vermehrte Auflage. Groß-Oktav. XVI, 396 Seiten. 1928.
RM. 13.—, geb. RM. 15.—

„. . . Ein Werk aus einem Gusse, ein herbes Werk von größter wissenschaftlicher Strenge, eine Schule, durch die jeder gehen muß, der mit den rechtsphilosophischen Problemen der Gegenwart ringt." *Schweizerische Juristenzeitung.*

Stammler, Rudolf, **Rechts- und Staatstheorien der Neuzeit.** Leitsätze zu Vorlesungen. Zweite, vermehrte und verbesserte Auflage. Oktav. IV, 116 Seiten. 1925. . . . . RM. 3.50, geb. RM. 4.50

Ein unentbehrlicher Führer durch die Rechts- und Staatstheorien der Neuzeit.

Stammler, Rudolf, **Wirtschaft und Recht** nach der materialistischen Geschichtsauffassung. Eine sozialphilosophische Untersuchung. Fünfte, durch einen Nachtrag ergänzte Auflage. Oktav. VIII, 704 Seiten. 1924. . . . . RM. 14.—, geb. RM. 16.—

„Das Werk Stammlers darf den Ruhm in Anspruch nehmen, unter allen Büchern, die in der letzten Zeit auf dem hier in Betracht kommenden Gebiet erschienen sind, die stärkste Wirkung hervorgebracht zu haben." *Historische Zeitschrift.*

Friedrichs, Karl, **Der Allgemeine Teil des Rechts.** Eine Darstellung der gemeinsamen Lehren des öffentlichen und des privaten Rechts. Groß-Oktav. X, 306 Seiten. 1927. . . . . . . RM. 12.—, geb. RM. 13.50

„Eine solche Arbeit fehlte bisher in der juristischen Literatur. Friedrichs ist wie kein anderer berufen, eine grundlegende Arbeit über dieses Gebiet zu schreiben." *Mitteilungen des Preuß. Richtervereins.*

Maas, Georg, und **Magnus,** Julius, **Abkürzungsverzeichnis der Rechtssprache.** Abkürzungen der Bezeichnungen von Rechtsquellen, Behörden, Entscheidungen usw. des deutschen und österreichischen Rechts. Oktav. IV, 140 Seiten. 1929. . . . . RM. 4.—

„Bis jetzt fehlte eine Zusammenstellung, die in zuverlässiger Weise die gebräuchlichsten Abkürzungen wiedergab. Diese Lücke füllt das neue Buch in glücklicher Weise aus." *Der junge Rechtsgelehrte.*

Endemann, Friedrich, **Grundriß des römischen Privatrechts.** Oktav. X, 256 und 30 Seiten. 1925. (Lehrbücher und Grundrisse der Rechtswissenschaft Bd. XII.) . . . . RM. 9.—, geb. RM. 10.50

„. . . ein nach jeder Richtung hochstehendes Werk."
Der junge Rechtsgelehrte.

Stammler, Rudolf. **Aufgaben aus dem römischen Recht.** Der „Institutionenübungen für Anfänger" vierte Auflage. Oktav. IV, 92 Seiten. Mit Figuren im Text. 1919 . . . . Geb. RM. 5.—

Zum selbständigen Einarbeiten in das System des römischen Privatrechts.

II. Bürgerliches Recht

1. Bürgerliches Gesetzbuch

Lehmann, Heinrich, **Allgemeiner Teil des Bürgerlichen Gesetzbuches.** Dritte, vermehrte und verbesserte Auflage (9. bis 12. Tausend). Oktav. XIV, 439 Seiten. 1928. (Lehrbücher und Grundrisse der Rechtswissenschaft Bd. I.) . . . . RM. 12.—, geb. RM. 13.50

„Es liegt ein großer pädagogischer Wert in diesem Buch. Es wird sich unter den Studenten rasch großer Beliebtheit erfreuen.“

Das Recht.

Leonhard, R., **Der Allgemeine Teil des Bürgerlichen Gesetzbuches** in seinem Einflusse auf die Fortentwicklung der Rechtswissenschaft. Groß-Oktav. XVI, 537 Seiten. 1900. (Recht des Bürgerlichen Gesetzbuches in Einzeldarstellungen Nr. X.) . . . . RM. 10.—

Die Sammlung „Recht des Bürgerlichen Gesetzbuches“ umfaßt systematische Darstellungen des BGB. aus der Feder erster Juristen der Wissenschaft und Praxis.

Oertmann, Paul, **Allgemeiner Teil des Bürgerlichen Gesetzbuches.**
I. Einleitung. Lehre von den Personen und von den Sachen. Dritte, verbesserte Auflage. 136 Seiten. 1926. (Sammlung Göschen Bd. 447.) Geb. RM. 1.80
II. Erwerb und Verlust, Geltendmachung und Schutz der Rechte. Dritte, verbesserte Auflage. 147 Seiten. 1928. (Sammlung Göschen Bd. 448.) . . . . Geb. RM. 1.80

Nach der die Vorgeschichte des BGB. und einzelne für seine Bedeutung und Anwendung wichtige Hauptfragen behandelnden Einleitung bespricht der Verfasser die Lehre von den Personen und von den Sachen. Er verarbeitet den Inhalt der einzelnen Gesetzesparagraphen wissenschaftlich und erörtert dabei auch mehrfach Fragen, die im BGB. selbst nicht geregelt, höchstens gestreift werden.

Plancks Kommentar zum Bürgerlichen Gesetzbuch nebst Einführungsgesetz. Bisher herausgegeben von E. Strohal. Bearbeitet von E. Brodmann, L. Busch, J. Ebbecke, F. Flad, M. Greiff, K. Gunkel, P. Knoke, M. Landois, A. Lobe, Fr. Oegg, H. Siber, O. Strecker, K. von Unzner. Vierte, völlig neubearbeitete Auflage. Lexikon-Oktav. Bisher sind erschienen:
I. Band: Allgemeiner Teil. 606 Seiten. 1913. RM. 15.—, geb. RM. 17.—
II. Band, 1. Hälfte: Recht der Schuldverhältnisse. (Allgemeiner Teil.) 640 Seiten. 1914 . . . . RM. 15.—, geb. RM. 17.—
II. Band, 2. Hälfte: Recht der Schuldverhältnisse. (Besonderer Teil.) 1296 Seiten. 1928 . . . . RM. 49.—, geb. RM. 52.—
III. Band: Sachenrecht. 1464 Seiten. 1920. RM. 30.—, geb. RM. 33.—
IV. Band: Familienrecht. 1. Hälfte §§ 1297—1588. 701 Seiten. 1928. RM. 26.—, geb. RM. 28.—
V. Band: Erbrecht. Vierte, völlig neubearbeitete Auflage. Groß-Oktav. XII, 1136 Seiten. 1930 . . RM. 51.—, geb. RM. 54.—

„Für jeden Praktiker, der tiefer in den Rechtsstoff eindringen muß, um die zur Entscheidung stehende Frage zu prüfen, ist Plancks Kommentar immer ein zuverlässiger Ratgeber und seine Erläuterung und Meinung von hohem Wert und Gewicht, stets sorgfältiger Beachtung wert.“ Zentralblatt für freiwillige Gerichtsbarkeit.

Das Bürgerliche Gesetzbuch mit besonderer Berücksichtigung der Rechtsprechung des Reichsgerichts. Erläutert von Dr. Busch, Erler, Dr. Lobe, Michaelis, Oegg, Sayn, Schliewen und Seyffarth, Reichsgerichtsräten und Senatspräsidenten am Reichsgericht. Siebente, unveränderte Auflage. 5 Bände. §§ 1—2385. Lexikon-Oktav. 3182 Seiten. 1928 . . . . RM. 125.—, in Halbleder geb. RM. 150.—
I. Band: Allgemeiner Teil. Recht der Schuldverhältnisse I. (Allgemeiner Teil.) — II. Band: Recht der Schuldverhältnisse II. (Einzelne Schuldverhältnisse.) — III. Band: Sachenrecht. — IV. Band: Familienrecht. — V. Band: Erbrecht. Alphabetisches Sachverzeichnis.

(Das Werk wird nur komplett abgegeben.)

„Eine neue Auflage dieses für die Praxis wertvollsten Kommentars ist ein Ereignis für die Juristenwelt.“

Blätter für Rechtspflege im Bezirk des Kammergerichts.

Achilles-Greiff, Bürgerliches Gesetzbuch nebst Einführungsgesetz. Mit Einleitung, Anmerkungen und Sachregister. Nach dem Tode des ersten Herausgebers Dr. A. Achilles in Verbindung mit J. Altstötter, Oberamtsrichter in Sonthofen, O. Meyer, Oberlandesgerichtspräsident in Celle, Dr. J. Kieckebusch, Land- und Amtsgerichtsrat in Kassel, Dr. O. Strecker, Senatspräsident am Reichsgericht i. R. in Leipzig, herausgegeben von Dr. M. Greiff, Wirkl. Geh. Oberjustizrat, Oberlandesgerichtspräsident i. R. in Berlin. Dreizehnte, vermehrte und verbesserte Auflage. Mit Erläuterungen der Verordnung über das Erbbaurecht, des Gesetzes über die religiöse Kindererziehung und des Gesetzes für Jugendwohlfahrt. Groß-Oktav. XXIII, 1304 Seiten. 1930. (Guttentagsche Sammlung Deutscher Reichsgesetze Bd. 38/39.) . . . . . . Geb. RM. 24.—, in Halbleder geb. RM. 26.—

„Das ausgezeichnete Buch, das einer weiteren Empfehlung kaum bedarf, wird seine führende Stellung unter den Handausgaben ohne Zweifel behaupten.“ Juristische Rundschau.

Bürgerliches Gesetzbuch nebst Einführungsgesetz. Vom 18. August 1896 mit Berücksichtigung der bis zum 1. Januar 1928 ergangenen Abänderungen. Textausgabe mit ausführlichem Sachregister. Sechzehnte Auflage. (61. bis 66. Tausend). Taschenformat. 758 Seiten. 1928. (Guttentagsche Sammlung von Textausgaben ohne Anmerkungen mit Sachregister.) . . . . Geb. RM. 2.80

Die vorliegende Ausgabe zeichnet sich durch Vollständigkeit und besondere Ausführlichkeit des Sachregisters aus.

Lindemann, Otto, Ausführungsgesetz zum Bürgerlichen Gesetzbuche vom 20. September 1899 nebst einem Anhang: Verordnung zur Ausführung des Bürgerlichen Gesetzbuchs vom 16. November 1899. Nach dem Tode des früheren Herausgebers Kammergerichtsrat Dr. P. Siméon, erläutert von Geh. Oberjustizrat Otto Lindemann, Ministerialdirektor im Pr. Justizministerium. Vierte Auflage. Taschenformat. 208 Seiten. 1930. (Guttentagsche Sammlung Preußischer Gesetze Bd. 23.) Geb. RM. 5.—

Die neue Auflage kommt im richtigen Augenblick, um dem fühlbaren Mangel an neuen Bearbeitungen der Ausführungsgesetze zum Bürgerlichen Gesetzbuch abzuhelfen. Sie ist völlig neu bearbeitet und nach den Ergebnissen von Gesetzgebung und Rechtsprechung bis in die jüngste Zeit ergänzt.

Schulz, F. H., Bürgerliches Gesetzbuch. Taschenformat. XI, 682 Seiten. 1930 . . . . Geb. RM. 8.—
(Lehrausgaben Deutscher Gesetze, Bd. I.)

Dieser Band bringt auch die Bezeichnung der entsprechenden römisch-rechtlichen bzw. gemeinrechtlichen Institute und verwirklicht damit einen Gedanken, der eigentlich wohl schon vor dreißig Jahren hätte ausgeführt werden sollen.

Schück, Richard, Zivilrechtspraktikum. Zum Selbststudium und zum Lehrgebrauch. Vierte, vermehrte Auflage. Herausgegeben von Gustav Schreiber. Groß-Oktav. 160 Seiten. 1930.
Geb. RM. 6.—

Das „Schücksche Zivilrechtspraktikum“ bringt in einem billigen Band über 600 Fälle aus allen fünf Büchern des BGB. und dem Einführungsgesetz. Es hat sich seit seinem Erscheinen durch seine praktische Auswahl überall durchgesetzt und durch drei hohe Auflagen hindurch bewährt. Die vorliegende vierte Auflage weist eine Anzahl Ergänzungen auf, die aber durch die besondere Art ihrer Einordnung den Gebrauch mehrerer Auflagen nebeneinander nicht stören.

von der Mosel, Heinrich, **Lösungen** zu dem von Kammergerichtsrat Dr. Richard Schück herausgegebenen Zivilrechtspraktikum. Nach dem Bürgerlichen Gesetzbuch bearbeitet für Studierende und Referendare. Vierte Auflage. Groß-Oktav. 148 Seiten. 1924. Geb. RM. 5.50

Die Lösungen behandeln fast alle in dem Praktikum enthaltenen Fälle.

v. **Schwerin**, Cl., Frhr., **Grundzüge des deutschen Privatrechts.** Zweite Auflage. Oktav. XII, 342 Seiten. 1928. (Lehrbücher und Grundrisse der Rechtswissenschaft Bd. XIII.) RM. 9.50, geb. RM. 11.—

„Was dem Studenten not tut, ist ein kurzgefaßtes Handbuch. . . . Ein ausgezeichnetes Hilfsmittel dieser Art ist das vorliegende Buch.“ Zeitschrift für Rechtspflege in Bayern.

Wegner, Arthur, **Jugendrecht.** Ein Lehrbuch zur Einführung. Oktav. IX, 219 Seiten. 1929 . . . . RM. 6.—, geb. RM. 7.50

„Ein gleichartiges und gleichwertiges Werk über das Jugendgericht gibt es noch nicht.“ Breslauer Zeitung.

Schuldverhältnisse insbesondere

Hedemann, Justus Wilh., **Schuldrecht des Bürgerlichen Gesetzbuches.** Oktav. Zweite Auflage in Bearbeitung. (Lehrbücher und Grundrisse der Rechtswissenschaft Bd. II.)

„Die Schrift bietet die beste mir bekannte Einführung in das schwierige Recht der Schuldverhältnisse.“ Staats- und Selbstverwaltung.

Oertmann, Paul, **Schuldrecht.** (BGB. II.)
I. Allgemeine Lehren. Dritte, verbesserte Auflage. 142 Seiten. 1927. (Sammlung Göschen Bd. 323.) . . . . Geb. RM. 1.80
II. Die einzelnen Schuldverhältnisse. Dritte, verbesserte Auflage. 159 Seiten. 1929. (Sammlung Göschen Bd. 324.) . . Geb. RM. 1.80

„In knapper Form und gemeinverständlicher Ausdrucksweise ist ein vorzüglicher Überblick über den Stoff gegeben.“ Leipziger Zeitschrift für deutsches Recht.

Meyer, Georg, **Das Recht der Beschlagnahme von Lohn, Gehalt und Diensteinkommen.** Auf Grund des Reichsgesetzes vom 21. Juni 1869, der Verordnung über Lohnpfändung vom 25. Juni 1919 nebst Abänderungen und der Zivilprozeßordnung dargestellt. Siebente, vermehrte Auflage. Taschenformat. 174 Seiten. 1930. (Guttentagsche Sammlung Deutscher Reichsgesetze Bd. 55.) . . Geb. RM. 4.50

„Das Lohnbeschlagnahmegesetz wird hier in mustergültiger Weise erläutert. Die zahlreichen Zweifelsfragen werden gründlich erörtert.“ Hessische Rechtsprechung.

Seligsohn, Franz, **Kommentar zum Haftpflichtgesetz.** Zweite Auflage. Groß-Oktav. 360 Seiten. 1930 . . . . . . RM. 12.—, geb. RM. 13.50

„Das reiche Material hat der Verfasser mit logischer Schärfe und in knapper Form bearbeitet und damit ein mustergültiges Werk geschaffen, das für die meist veralteten Kommentare zum Reichshaftpflichtgesetz einen wertvollen Ersatz bietet.“ Blätter für Rechtspflege im Bezirk des Kammergerichts.

Krieg, O., **Mietrecht und Wohnungsmangelgesetzgebung** im Reiche, in Preußen und in Berlin, einschließlich Hauszinssteuer, Kostenwesen und Rechtsentscheiden des Kammergerichts und des Obersten Landesgerichts. Zusammengestellt und mit ausführlichem Schlagwortregister versehen. Vierte Auflage. Taschenformat. XII, 594 Seiten. 1928. (Guttentagsche Sammlung Deutscher Reichsgesetze Bd. 156.) Geb. RM. 10.—

„Eine solche Ausgabe zu besitzen, ist wertvoll. Diese Ausgabe verdient schon wegen ihrer Vollständigkeit besondere Beachtung. Ein vortreffliches Sachregister ist beigegeben.“ Juristische Wochenschrift

Stölzle, Hans, **Viehkauf** nach Bürgerlichem Gesetzbuch und ausländischem **Recht.** Verordnung, betreffend die Hauptmängel und Gewährfristen beim Viehhandel. Von Eugen Fröhner. Sechste, vermehrte und wesentlich verbesserte Auflage. Taschenformat. 699 Seiten. 1926. (Guttentagsche Sammlung Deutscher Reichsgesetze Bd. 50.)

Geb. RM. 15.—

„Das Buch ist Juristen wie Laien als lichtvoller Ratgeber in allen Fragen nur auf das wärmste zu empfehlen."

Deutsche Juristen-Zeitung.

Hoffmann, J., **Abzahlungsgeschäfte.** Vierte Auflage, besorgt von K.-A. Crisolli. Taschenformat. Im Druck. (Guttentagsche Sammlung Deutscher Reichsgesetze Bd. 34.)

„Jeder, der mit Abzahlungsgeschäften zu tun hat, kann sich bestens aus dem Büchlein informieren. Der Kommentar ermöglicht es auch dem Laien, sich mit allen einschlägigen Fragen vertraut zu machen."

Berliner Intelligenz-Blatt.

Göppert, H., **Gesetz, betreffend die gemeinsamen Rechte der Besitzer von Schuldverschreibungen.** Zweite Auflage, bearbeitet von E. Trendelenburg. Taschenformat. 156 Seiten. 1915. (Guttentagsche Sammlung Deutscher Reichsgesetze Bd. 52.) . . . . . Geb. RM. 1.50

Beiträge zum ausländischen und internationalen Privatrecht, herausgegeben vom Institut für ausländisches und internationales Privatrecht.

Heft 1:

Nußbaum, Arthur, **Vertraglicher Schutz gegen Schwankungen des Geldwertes.** Goldklauseln und andere Abreden zur Minderung des Valutarisikos. Groß-Oktav. 95 Seiten. 1928 . . . . . . RM. 5.—

Heft 2:

Wolff, John, **Die Haftung des Verkäufers einer fremden beweglichen Sache** in den Vereinigten Staaten von Amerika in Vergleichung mit dem deutschen bürgerlichen Recht. Groß-Oktav. 84 Seiten. 1930.

RM. 4.—

Heft 3:

Friedmann, Wolfgang, **Die Bereicherungshaftung** im anglo-amerikanischen Rechtskreis in Vergleichung mit dem deutschen bürgerlichen Recht. Groß-Oktav. 148 Seiten. 1930 . . . . . . RM. 7.—

Heft 4:

Raiser, Ludwig, **Die Wirkungen der Wechselerklärungen im internationalen Privatrecht.** Groß-Oktav. 124 Seiten. 1931 . . RM. 9.—

Sachenrecht insbesondere

Hedemann, Justus Wilh., **Sachenrecht des Bürgerlichen Gesetzbuches.** Oktav. XXXII, 507 Seiten. 1924. (Lehrbücher und Grundrisse der Rechtswissenschaft Bd. III.) . . . . . RM. 12.—, geb. RM. 13.50

„Ein trotz seiner Kürze ausgezeichnetes und inhaltreiches Lehrbuch, nicht nur für den Studierenden, sondern auch für ältere Juristen. Die Arbeit ist wissenschaftlich tiefgründig und doch gemeinverständlich geschrieben." Zeitschrift des Deutschen Notarvereins.

Kretzschmar, F., **Sachenrecht.**

I. Allgemeine Lehren. Besitz und Eigentum. Zweite, verbesserte Auflage. 142 Seiten. 1922. (Sammlung Göschen Bd. 480.) Geb. RM. 1.80

II. Begrenzte Rechte. 144 Seiten. 1923. (Sammlung Göschen Bd. 481.)

Geb. RM. 1.80

Diese Bändchen bieten die Grundzüge des Sachenrechts in gedrängter und klarer Form.

Lenzen, Georg, **Das Deutsche Pfandleihrecht.** Kommentar zum preußischen Pfandleihgesetz unter Berücksichtigung der außerpreußischen Gesetze. Oktav. XXVI, 266 Seiten. 1929 . . . . Geb. RM. 20.—

„Diese zusammenfassende Darstellung ist die erste ihrer Art und sehr verdienstlich. Das Buch regt zu allerhand Fragen an."
Juristische Wochenschrift.

Günther, Hermann, **Erbbaurecht.** Taschenformat. 167 Seiten. 1919. (Guttentagsche Sammlung Deutscher Reichsgesetze Bd. 135.)
Geb. RM. 2.—

„Günther ist ausführlich, ohne weitschweifig zu sein; ausgezeichnete Vorbemerkungen geben vorzügliche Übersicht und wahren den Zusammenhang. Überall ist der bisherige Rechtszustand, der ja für absehbare Zeit seine Bedeutung behält, mit in das Bereich der Betrachtungen gezogen. Der Praxis wird das Werk von hervorragendem Nutzen sein." Beiträge zur Erläuterung des deutschen Rechts.

Arnheim, Hugo, **Grundbuchordnung.** Kommentar zur Grundbuchordnung für das Deutsche Reich nebst den für Preußen erlassenen Ausführungsbestimmungen. Zweite, völlig neubearbeitete Auflage. Lexikon-Oktav. 959 Seiten. 1913 . . . . RM. 15.—

„Der Band weist außerordentliche Gründlichkeit, Klarheit und Übersichtlichkeit auf. Man kann wohl sagen, daß kaum eine Frage auftauchen wird, die nicht wenigstens berührt wäre; die bisher zutage getretenen Fragen aber sind sämtlich in der eingehendsten Weise erörtert." Zentralblatt für freiwillige Gerichtsbarkeit.

Fischer, Otto, und **Fischer,** Norbert, **Grundbuchordnung für das Deutsche Reich** nebst den preußischen Ausführungsbestimmungen. Neunte, durchgearbeitete und ergänzte Auflage. Taschenformat. 322 Seiten. 1927. (Guttentagsche Sammlung Deutscher Reichsgesetze Bd. 42.)
Geb. RM. 5.—

„Eine der vortrefflichen alteingeführten Handausgaben der Guttentagschen Sammlung, bei der schon die Auflagenziffer für die Brauchbarkeit in der Praxis spricht. Nach wie vor ist das Buch ein vortrefflicher Wegweiser und Berater." Juristische Wochenschrift.

Ricks, Gerhard, **Die Grundbuchpraxis.** Ein Handbuch für den täglichen Gebrauch in Grundbuchsachen. Achte Auflage. Groß-Oktav. XII, 412 Seiten. 1929 . . . . RM. 12.—, geb. RM. 14.—

„Das Buch hat einen Anspruch darauf, in der Praxis geradezu verschlungen zu werden. Es ist aus der täglichen Praxis heraus für die Praxis lebensfrisch und unterhaltend geschrieben."
Mitteilg. a. d. Württemb. Notariats-Praxis.

Friedlaender, Martin, **Hypothekenbeschaffung für Wohn- und Geschäftshäuser.** Handbuch für die Praxis der Grundstückswirtschaft. Groß-Oktav. VIII, 151 Seiten. 1929 . . . . . RM. 6.—, geb. RM. 7.50

„Das Buch gibt einen außerordentlich praktischen Überblick über alle Fragen der Hypothekenbeschaffung. Die anschauliche Art der Zergliederung und die gründliche Darlegung des Statuts sichern dem Buch eine weite Verbreitung." Deutsche Sparkassen-Zeitung.

Familienrecht, Erbrecht

Lehmann, Heinrich, **Familienrecht** des Bürgerlichen Gesetzbuches einschließlich Jugendfürsorgerecht. Oktav. XII, 352 Seiten. 1926. (Lehrbücher und Grundrisse der Rechtswissenschaft Bd. IV.)
RM. 11.—, geb. RM. 12.50

„Die Schilderung Lehmanns ist überall anregend und fesselnd. Das Werk kann allen Rechtsstudenten und Referendaren zur Anschaffung dringend empfohlen werden." Der junge Rechtsgelehrte.

Titze, Heinrich, **Familienrecht.** (BGB. IV.) 169 Seiten. Neudruck. 1924. (Sammlung Göschen Bd. 305.) . . . . Geb. RM. 1.80

Endemann, Fr., **Erbrecht.** Oktav. XII, 166 Seiten. 1923. (Lehrbücher und Grundrisse der Rechtswissenschaft Bd. V.) RM. 3.—, geb. RM. 4.50

„Dieser Leitfaden behandelt den spröden Stoff des schwierigen Erbrechts in meisterhafter, fesselnder Darstellung.“
Zeitschrift des Bundes Deutscher Justizamtmänner.

v. Blume, Wilh., **Erbrecht.** (BGB. V.)
I. Einleitung. Die Grundlagen des Erbrechts. 75 Seiten. 1913. (Sammlung Göschen Bd. 659.) . . . . Geb. RM. 1.80
II. Die Nachlaßbeteiligten. Mit 23 Figuren. 131 Seiten. 1913. (Sammlung Göschen Bd. 660.) . . . . Geb. RM. 1.80

Riesenfeld, S., **Die Erbenhaftung nach dem Bürgerlichen Gesetzbuch.** Groß-Oktav. 2 Bände. 1916 . . . . . . RM. 15.—, geb. RM. 18.—
I. Band: Die Grundsätze der Haftung. XII, 461 Seiten.
II. Band: Das Inventar und die Mittel der Haftungsbeschränkung. VIII, 455 Seiten.

„Ein hervorragendes Werk, das in allen Teilen die vollständige Beherrschung des schwierigen Stoffes erkennen läßt und sich dabei durch klare und gemeinverständliche Darstellung auszeichnet.“
Sächsisches Archiv für Rechtspflege.

Aufwertung

Michaelis, Richard, **Das Aufwertungsrecht** nach den Aufwertungsgesetzen und nach allgemeinem bürgerlichem Rechte. Kommentar zu den Gesetzen vom 16. Juli 1925 über die Aufwertung von Hypotheken und anderen Ansprüchen und über die Ablösung öffentlicher Anleihen sowie systematische Darstellung des Aufwertungsrechts außerhalb dieser Gesetze. Zweite, gänzlich umgearbeitete Auflage des Kommentars zur Dritten Steuernotverordnung vom 14. Februar 1924 (Aufwertung). Mit einer Fristentabelle von H. Hoormann. Groß-Oktav. X, 516 Seiten. 1926. Mit Nachtrag 1927. (de Gruytersche Sammlung Deutscher Gesetze. Handkommentare.) . . . . Geb. RM. 16.—

„Es handelt sich um ein ganz erstklassiges Werk, das sich für jeden Aufwertungsinteressenten als unentbehrlich erweisen wird.“
Deutsche Allgemeine Zeitung.

Michaelis, Richard, Die beiden **Aufwertungsnovellen** vom 18. Juli 1930. (Hypotheken-Fälligkeits- und Verzinsungsgesetz; Grundbuchbereinigungsgesetz.) Taschenformat. VI, 202 Seiten. 1930. (Guttentagsche Sammlung Deutscher Reichsgesetze Bd. 178.) . . . . Geb. RM. 4.—

Reichsgerichtsrat Michaelis, der im „Kommentar über das Bürgerliche Gesetzbuch von Reichsgerichtsräten“ den Abschnitt „Aufwertung“ bearbeitet hat, erläutert in der gleichen autoritativen Art auch die neuen Gesetze, die die Aufwertungsgesetzgebung ändern und abschließen. Die Erläuterung der zuverlässig abgedruckten Gesetzestexte ist übersichtlich und in der Sprache leicht verständlich, wie überhaupt in ihrer ganzen Anlage, nicht zuletzt aber wegen ihres niedrigen Preises, auf die Praxis zugeschnitten.

Berliner, Ludwig, und **Pfaffenberger,** Ernst, **Aufwertung von Versicherungsansprüchen** mit Durchführungsbestimmungen.
I. Teil. Oktav. 235 Seiten. 1925. (Guttentagsche Sammlung Deutscher Reichsgesetze Bd. 164.) . . . . Geb. RM. 6.50
II. Teil: Sach- und Transportversicherung; Unfall- und Haftpflichtversicherung. Oktav. 112 Seiten. 1926. Mit Nachtrag. (Guttentagsche Sammlung Deutscher Reichsgesetze Bd. 164a.) . . Geb. RM. 3.50

„Eine ganz ausgezeichnete, wohldurchdachte Darstellung und Erläuterung des Aufwertungsrechtes des gesamten Versicherungswesens, eine unentbehrliche Ergänzung zu jedem Gesamtkommentar über das Aufwertungsgesetz.“ *Zentralblatt für Handelsrecht.*

2. Handelsrecht.

v. **Gierke**, Jul., **Handelsrecht und Schiffahrtsrecht.** Dritte, ergänzte Auflage. Groß-Oktav. XIV, 744 Seiten. 1929. (Lehrbücher und Grundrisse der Rechtswissenschaft Bd. VI.) RM. 21.—, geb. RM. 22.50

„. . . ein außerordentlich hochstehendes, immer den neuesten Stand der Lehre und der Rechtsprechung widerspiegelndes Lehrbuch des Handelsrechts im weitesten Sinn." *Der junge Rechtsgelehrte.*

v. **Gierke**, Jul., **Handelsrecht.** Mit Wechselordnung und Scheckgesetz. Im Druck.
(Lehrausgaben Deutscher Gesetze, Bd. IV.)

Lehmann, K., und **Hoeniger**, H., **Lehrbuch des Handelsrechts.** Dritte Auflage. Erster Halbband, enthaltend die Lehre vom Handelsstand und von den Handelsgesellschaften. Groß-Oktav. 432 Seiten. 1921 RM. 10.—

Ein großangelegtes Lehrbuch des Handels- und Schiffahrtsrechts.

Lehmann, K., und **Hoeniger**, H., **Deutsches Handelsrecht.**
I. Einleitung. Der Kaufmann und seine Hilfspersonen. Offene Handelsgesellschaft, Kommandit- und stille Gesellschaft. 117 Seiten. 1921. (Sammlung Göschen Bd. 457.) . . . . Geb. RM. 1.80
II. Aktiengesellschaften, Gesellschaften mit beschränkter Haftung, eingetragene Genossenschaften. Handelsgeschäft, 126 Seiten. 1924. (Sammlung Göschen Bd. 458.) . . . . Geb. RM. 1.80

Eine gemeinverständliche Darstellung in gedrängter Form.

Hein, Joh., **Die Zusammenhänge zwischen Steuerrecht und Handelsrecht und ihre Entwicklung**, untersucht an dem Gewinn und an der Bewertung. Eine bilanzrechtliche und bilanzkritische Darstellung mit praktischen Beispielen. Groß-Oktav. X, 280 Seiten. 1928. RM. 10.—, geb. RM. 12.—

„Das Buch führt in klarer Gestaltung in die Probleme des Bilanzrechts ein. Eine übersichtliche Gliederung ermöglicht eine schnelle und doch gründliche Einführung. Darüber hinaus stellt das Buch eine wesentliche Förderung für die dringend notwendige wissenschaftliche Behandlung des Steuerbilanzrechts und seiner Zusammenhänge mit den verwandten Rechtsmaterien dar." *Zeitschrift für Handelsrecht.*

Staubs Kommentar zum Handelsgesetzbuch. Zwölfte und dreizehnte Auflage. Bearbeitet von Heinrich Koenige, Albert Pinner, Felix Bondi. Vier Bände und ein Registerband. Groß-Oktav. 4000 Seiten. 1927 . . . . Zusammen RM. 157.—, in Halbleder RM. 183.60

„Der Staubsche Kommentar ist das klassische Hilfswerk zum Deutschen Handelsgesetzbuch und für die Beurteilung der zahlreichen schwierigen Fragen dieses Gesetzes maßgebend geworden; es stellt ein unentbehrliches Mittel zur Erfassung und zur Anwendung des Gesetzes dar." *Frankfurter Zeitung.*

Mosse, Albert, und **Heymann**, Ernst, **Handelsgesetzbuch** (ohne Seerecht). Mit den ergänzenden Vorschriften des Bürgerlichen Gesetzbuchs und einem Anhang, enthaltend das Einführungsgesetz, das Depotgesetz, die Bestimmungen über Börsentermin- und Differenzgeschäfte u. a. Nebst Erläuterungen. Im Anschluß an die Textausgabe von F. Litthauer. Siebzehnte Auflage. Unter Mitwirkung von Karl August Crisolli. Oktav. VIII, 693 Seiten. 1926 (Guttentagsche Sammlung Deutscher Reichsgesetze Bd. 4.) . . . . .Geb. RM. 14.—

„Die Litthauer-Mossesche Ausgabe des Handelsgesetzbuches hat bei allen Praktikern seit langem den wohlbegründeten Ruf größter Zuverlässigkeit und übersichtlicher Anordnung, die mit möglichster Knappheit des Ausdrucks gepaart sind. Das Buch ist ein zuverlässiger Führer durch das immer schwieriger werdende Gebiet des Handelsrechts." *Vossische Zeitung.*

Handelsgesetzbuch nebst Einführungsgesetz vom 10. Mai 1897, unter Berücksichtigung der bis 15. Juni 1930 ergangenen Novellen. Textausgabe mit Sachregister. Zwölfte Auflage. 370 Seiten. 1930. (Guttentagsche Sammlung von Textausgaben ohne Anmerkungen mit Sachregister.) . . . . Geb. RM. 3.50
Die handliche Ausgabe enthält den genauen Gesetzestext mit einem das Zurechtfinden sehr erleichternden Sachregister.

Baum, G., **Das vertragliche Wettbewerbsverbot** (Konkurrenzklausel). Nebst Kommentar zum Gesetze vom 10. Juni 1914. Taschenformat. XII, 231 Seiten. 1914. (Guttentagsche Sammlung Deutscher Reichsgesetze Bd. 115.) . . . . Geb. RM. 3.—

Gesellschaften

Brodmann, Erich, **Aktienrecht.** Kommentar. Groß-Oktav. XII, 580 Seiten. 1928. (Gewerbe- und Industrie-Kommentar Bd. IV.)
RM. 28.—, geb. RM. 30.—
„Mit unvergleichlichem Geschick hat der Verfasser Großartiges geleistet — Brodmann ist Trumpf!" Zeitschrift für Aktiengesellschaften.

Brodmann, Erich, **Die Sanierung unseres Aktienwesens.** Groß-Oktav. 46 Seiten. 1931 . . . . RM. 3.—

Entwurf eines Gesetzes über Aktiengesellschaften und Kommanditgesellschaften auf Aktien sowie Entwurf eines Einführungsgesetzes nebst erläuternden Bemerkungen. Veröffentlicht durch das **Reichsjustizministerium.** Lexikon-Oktav. 132 Seiten. 1930 . . . . . RM. 3.—

Hachenburg, Max, **Kommentar zum Gesetz, betr. die Gesellschaften mit beschränkter Haftung.** (Früher **Staub-Hachenburg.**) Fünfte Auflage unter Mitarbeit von Fritz Bing und Walter Schmidt. 2 Bände . . . . RM. 43.—, geb. RM. 47.—
I. Band: §§ 1—34. Groß-Oktav. VI, 527 Seiten. 1926.
II. Band: §§ 35—84. Groß-Oktav. II, 452 Seiten. 1927.
„Was Hachenburg in seinen Neubearbeitungen aus diesem Buche gemacht hat, ist erstaunlich. Sein reiches juristisches Wissen, sein überlegener und kritischer Verstand, seine vorzügliche Gestaltungskraft und seine nur wenigen Juristen eigene vielseitige Auslegungskunst haben etwas Großes, Unvergleichliches geschaffen. Man findet selten ein literarisches Werk, in welchem Rechtsgelehrsamkeit und praktisches Können vereint einem Spezialgesetz so zugute kamen wie hier."
Zeitschrift für Aktiengesellschaften.

Brodmann, Erich, **Gesetz, betr. die Gesellschaften mit beschränkter Haftung.** Kommentar. Zweite Auflage. Groß-Oktav. VIII, 304 Seiten. 1930. (Gewerbe- und Industrie-Kommentar Bd. I.)
RM. 16.—, geb. RM. 18.—
„Übersichtliche, klare Anordnung der Erläuterungen, tiefes Eindringen in die Einzelheiten des Gesetzes unter steter Berücksichtigung des Wirtschaftslebens, erschöpfende Wiedergabe der Rechtsprechung, namentlich des Reichsgerichts, sind die besonderen Vorzüge des Werkes, das damit ein unentbehrliches Rüstzeug werden wird." Badische Rechtspraxis.

Parisius, Ludolf, und **Crüger,** Hans, **Das Reichsgesetz, betr. die Gesellschaften mit beschränkter Haftung.** Textausgabe mit Anmerkungen und Sachregister. Achtzehnte Auflage, bearbeitet von Adolf Crecelius und Fritz Citron. Taschenformat. 244 Seiten. 1929. (Guttentagsche Sammlung Deutscher Reichsgesetze Bd. 32.)
Geb. RM. 3.50
„Die äußerst sachkundig erläuterte Ausgabe wird von den interessierten Kreisen freudig begrüßt werden. Wir können das Bändchen der bekannten Sammlung bestens empfehlen."
Badische Wirtschafts-Zeitung.

Starke, Arthur, **Offene Handelsgesellschaften, Kommanditgesellschaften und stille Gesellschaften von der Errichtung bis zur Auflösung.** Nebst Vertrags- und Anmeldeformularen und mit Berücksichtigung des Steuerrechts. Oktav. XIV, 167 Seiten. 1928 . . . . RM. 5.—

Eine systematische Darstellung für Studium und Praxis.

Wechselordnung und Scheckrecht

Staubs Kommentar zur Wechselordnung. Fortgesetzt von J. Stranz und M. Stranz. Zwölfte Auflage, bearbeitet von M. Stranz und Martin Stranz. Groß-Oktav. 432 Seiten. 1929.
RM. 16.—, geb. RM. 18.—

„Staub-Stranz ist der Kommentar zur Wechselordnung. Auch die jüngste Auflage des Kommentars gibt einen echten Staub-Stranz. Weiterer Kommentar dazu ist überflüssig." Juristische Wochenschrift.

Stranz, J., und **Stranz,** M., **Wechselordnung** in der Fassung der Bekanntmachung vom 3. Juni 1908. Kommentar. Dreizehnte, der Neubearbeitung sechste Auflage. Taschenformat. 419 Seiten. 1930. (Guttentagsche Sammlung Deutscher Reichsgesetze Bd. 5.)
Geb. RM. 7.—

Diese Ausgabe enthält nicht etwa nur Hinweise und kurze Erläuterungen, sondern ist ihrer ganzen Anlage nach ein verkürzter Kommentar; außer der Wechselordnung bringt sie auch die bekannten Nebengesetze: sie umfaßt also das gesamte Wechselrecht.

Wechselordnung in der Fassung der Bekanntmachung vom 3. Juni 1908 (RGBl. S. 326 ff.). Mit einem Anhang, enthaltend den Wechselprozeß und Nebengesetze. Textausgabe mit Einleitung und Sachregister. Taschenformat. 102 Seiten. 1928. (Guttentagsche Sammlung von Textausgaben ohne Anmerkungen.) . . . . Geb. RM. 1.50

Vorteilhafte Anordnung, ein zuverlässiges Sachregister, das das Gesetz erschließt, Handlichkeit und sauberer Druck zeichnen auch die neue Auflage der Wechselordnung aus, deren Einleitung den letzten Stand dieser Materie erfaßt und deren Anhang „Nebengesetze" bis auf die letzte Zeit ergänzt ist.

Michaelis, Richard, **Scheckgesetz** mit allen einschlägigen Nebengesetzen, den ausländischen Gesetzen und dem Deutschen Postscheckgesetz mit Postscheckordnung. Kommentar. Groß-Oktav. VII, 339 Seiten. 1927. (Gewerbe- und Industrie-Kommentar Bd. II.) RM. 16.—, geb. RM. 18.—

„Wenn irgendein Buch, so entspricht dieses einem Bedürfnis." Berliner Tageblatt.

Der Eigentumsvorbehalt in Wirtschaft und Recht. Herausgegeben von der Industrie- und Handelskammer zu Berlin. Oktav. 280 Seiten. 1931 . . . . RM. 4.—, geb. RM. 5.—

Die Industrie- und Handelskammer zu Berlin bringt in diesem Buche zum Thema „Kreditsicherung durch Eigentumsvorbehalt" eine geschlossene Reihe von Kapiteln erster Autoritäten bei, in denen diese zum Eigentumsvorbehalt von allen Gesichtspunkten (z.B. seiner Bedeutung in der Industrie, im Großhandel, im Einzelhandel, im Bankverkehr, im internationalen Verkehr, im Konkursverfahren, im Steuerrecht, im Strafrecht, seiner zweckmäßigsten Formulierung usw.) ausführlich Stellung nehmen. Seiner Zweckbestimmung nach ist dieses Buch gleicherweise nach der praktischen wie nach der wissenschaftlichen Seite hin orientiert.

Schiffahrtsrecht

Schaps, Georg, **Das deutsche Seerecht.** Kommentar zum vierten Buche des Handelsgesetzbuches (als Ergänzung zu Staub's Kommentar) nebst Erläuterungen zu den seerechtlichen Nebengesetzen. Zweite, vollständig umgearbeitete Auflage herausgegeben von Max Mittelstein † und Julius Sebba.

I. Band. (Handelsgesetzbuch: Viertes Buch.) Groß-Oktav. VIII, 1041 Seiten. 1921 . . . . RM. 25.—, geb. RM. 28.—
II. Band. (Seerechtliche Nebengesetze mit Nachtrag zur Ergänzung des I. Bandes nach dem Stand von 1929.) Bearbeitet von J. Sebba. XVI, 1108 Seiten. 1929 . . . . RM. 52.—, geb. RM. 55.—

„Die alte, auf der Staubschen Kommentierungsmethode beruhende Auflage erfreute sich mit Recht schon großen Ansehens. In diesen bewährten Bahnen leistet die zweite Auflage an Vollständigkeit, Übersichtlichkeit und Genauigkeit das Höchste, was Wissenschaft und Praxis nur wünschen können." Juristische Wochenschrift.

Brandis, Otto, **Das deutsche Seerecht** (mit Ausschluß des Seeversicherungsrechts.) I. Allgem. Lehren: Personen und Sachen des Seerechts. 130 Seiten. 1908. II. Die einzelnen seerechtlichen Schuldverhältnisse: Verträge des Seerechts und außervertragliche Haftung. 156 Seiten. 1908. (Sammlung Göschen Bd. 386/87.) . . . . . Geb. je RM. 1.80

Sieveking, Gustav, **Das deutsche Seeversicherungsrecht.** Kommentar zum zehnten Abschnitt des vierten Buches des Handelsgesetzbuches. Lexikon-Oktav. 218 Seiten. 1912 . . . . RM. 5.—, geb. RM. 6.80

„Der Kommentar ruht auf einer vortrefflichen Grundlage und zeigt sich auch in seinem Inhalte dieser Grundlage durchaus würdig. Er ersetzt ein Lehrbuch und kann daher auch zur Einführung in das Seeversicherungsrecht empfohlen werden."
Leipziger Zeitschrift für deutsches Recht.

Allgemeine Deutsche Seeversicherungs-Bedingungen. Im Jahre 1919 herausgegeben von den deutschen Seeversicherern nach Beratung mit deutschen Handelskammern und Fachverbänden unter Vorsitz der Handelskammer Hamburg. 16.—20. Tausend. 50 Seiten. 1925 . RM. 2.—

General Rules of Marine. Insurance 1919 adopted by the German Underwriters. Authorised Translation by Dr. Alfred Sieveking, larger in Hamburg. 64 Seiten. 1920 . . . . RM. 3.—

Materialien zu den Allgemeinen Deutschen Seeversicherungs-Bedingungen. Im Auftrag der vereinigten Handelskammern herausgegeben von Prof. Dr. E. Bruck. Groß-Oktav. 2 Bände. 678 Seiten. 1920 . . RM. 10.—

v. Liebig, Eugen, **Die Transportversicherung.** Teil I: Die Seeversicherung. Systematische Darstellung des Seeversicherungswesens. Groß-Oktav. VIII, 226 Seiten. 1914 . . . . RM. 5.—

Bene, F., **Der Begriff des Versicherungsfalles in der Seeversicherung.** (Hamburger Rechtsstudien, herausgegeben von Mitgliedern der Rechts- und Staatswissenschaftlichen Fakultät der Hamburgischen Universität, Heft 1.) Groß-Oktav. 75 Seiten. 1928 . . . . RM. 4.50

Elkan, H. H., **Die Bedeutung des Interesses für die Veräußerung der versicherten Sache.** (Hamburger Rechtsstudien, herausgegeben von Mitgliedern der Rechts- und Staatswissenschaftlichen Fakultät der Hamburgischen Universität, Heft 2.) Oktav. 58 Seiten. 1928 . . RM. 4.—

Makower, H., **Gesetze, betreffend die privatrechtlichen Verhältnisse der Binnenschiffahrt und der Flößerei.** Nach den Materialien erläutert. Sechste, vermehrte Auflage, bearbeitet von E. Loewe. Taschenformat. 458 Seiten. 1923. (Guttentagsche Sammlung Deutscher Reichsgesetze Bd. 36.) . . . . Geb. RM. 4.—

„Das vorzüglich bearbeitete Buch dürfte mit seinen klaren und verständlichen Erläuterungen für jeden, der in irgendeiner Weise mit der Binnenschiffahrt und der Flößerei zu tun hat, ein nie versagender Ratgeber sein." Schiffbau.

Sebba, Jul., **Seewasserstraßenordnung.** (Polizeiverordnung zur Regelung des Verkehrs auf den deutschen Seewasserstraßen vom 31. März 1927.) Mit Nachtrag, enthaltend die Änderungen vom 31. März 1928 und vom 20. März 1930. Taschenformat. 493 Seiten. 1928. (Guttentagsche Sammlung Deutscher Reichsgesetze Nr. 171.) . . Geb. RM. 8.50

Die vorliegende Ausgabe ist für die an dem neuen Gesetz interessierten beiden Fachgruppen, die der Nautiker und der Juristen, von gleich großer Bedeutung. Diese Verbindung zweier Kenntnisgebiete gibt dem vorliegenden Kommentar seine besondere Note und seinen großen Wert.

Genossenschaften

Parisius, Ludolf, **Crüger**, Hans, **Crecelius**, Adolf, und **Citron**, Fritz, **Reichsgesetz, betreffend die Erwerbs- und Wirtschaftsgenossenschaften.** Kommentar zum praktischen Gebrauch für Juristen und Genossenschaften. Elfte, neubearbeitete Auflage. Groß-Oktav. XV, 598 Seiten. 1928 . . . . RM. 28.—, geb. RM. 30.—

„Crüger beherrscht wie kein anderer Theorie und Praxis des Genossenschaftswesens, auch nach der wissenschaftlichen Seite hin."

Juristische Wochenschrift.

Parisius, Ludolf, und **Crüger**, Hans, **Das Reichsgesetz, betreffend die Erwerbs- und Wirtschaftsgenossenschaften.** Textausgabe mit Anmerkungen und Sachregister. Zwanzigste, neubearbeitete und erweiterte Auflage von Hans Crüger, Adolf Crecelius und Fritz Citron. Taschenformat. 297 Seiten 1930. (Guttentagsche Sammlung Deutscher Reichsgesetze Bd. 29.) . . . . Geb. RM. 4.—

„In knapper und klarer Form werden die gesetzlichen Bestimmungen abgehandelt und alles zum Verständnis unbedingt Erforderliche in den Anmerkungen beigebracht. Das Werk kann nur empfohlen werden." *Ministerialblatt f. d. Preuß. innere Verwaltung.*

Verschiedenes

Schreiber, Otto, **Handelsrechtliche Nebengesetze.** Taschenformat. VIII, 1002 Seiten. 1926. (Guttentagsche Sammlung Deutscher Reichsgesetze Bd. 162.) . . . . Geb. RM. 14.—

„Die Sammlung ist ein unentbehrliches Hilfsmittel für den Praktiker. Die Zusammenstellung ist sehr zuverlässig; auch das Sachregister von Kleffel verdient volle Anerkennung."

Zentralblatt für Handelsrecht.

Staffel, W., **Verordnung gegen Mißbrauch wirtschaftlicher Machtstellungen** vom 2. November 1923. Kommentar. Oktav. 108 Seiten. 1927. (Guttentagsche Sammlung Deutscher Reichsgesetze Bd. 167.) Geb. RM. 3.50

„Die für das Wirtschaftsrecht so wichtige Kartellverordnung findet hier eine eingehende Kommentierung. Die Erläuterungen werden daher um so unentbehrlicher für die wirtschaftliche Praxis auf diesem Gebiete sein." *Industrie- und Handelszeitung.*

Lusensky, F., **Gesetz über die Handelskammern.** Taschenformat. (Guttentagsche Sammlung Preußischer Gesetze Bd. 21.)

Neue Auflage in Vorbereitung.

„Das Buch ist ein vortrefflicher Berater aller derer, die in der Handelskammerorganisation sind, oder zu ihr in Beziehung stehen. Es kann warm empfohlen werden."

Zeitschrift für Polizei- und Verwaltungsbeamte.

Göppert-Seydel, Hypothekenbankgesetz vom 13. Juli 1899 (mit den Änderungen durch die Gesetze vom 14. Juli 1923, vom 26. Januar 1926 und 21. Dezember 1927). Textausgabe mit Einleitung, Anmerkungen und Sachregister. Dritte Auflage bearbeitet von Dr. **Martin Friedlaender.** Taschenformat. VIII, 202 Seiten. 1929. (Guttentagsche Sammlung Deutscher Reichsgesetze Nr. 51.) . . . . RM. 5.—

Die vorliegende Auflage des bekannten „Göppert-Seydel" ist den veränderten Verhältnissen entsprechend vollkommen umgearbeitet worden; sie berücksichtigt sowohl die nach dem Kriege erfolgten Änderungen und Ergänzungen des Gesetzes *und des Aufwertungsrechtes wie auch die Judikatur und das Schrifttum bis auf die letzte Zeit. Damit kommen die Vorzüge des „Göppert-Seydel" der Praxis und Wissenschaft wieder in ihrem ganzen Umfange zugute.*

Behlert, Heinz, **Der Konnossement-Teilschein.** Groß-Oktav. 79 Seiten. 1930.
(Hamburger Rechtsstudien, Heft 5.) RM. 5.—
Die Schrift löst die Frage, ob ein Konnossement-Teilschein dem Konnossement gleichzusetezn ist, unter Zugrundelegung der Hamburger Verhältnisse und unter Berücksichtigung der Rechtsprechung, der Lehre und des ausländischen Rechtes.

Lion, Robert, **Reine Konnossemente gegen Revers.** Groß-Oktav. 78 Seiten. 1930.
(Hamburger Rechtsstudien, Heft 7.) RM. 5.—
Die Abhandlung beginnt mit einer ausführlichen Darstellung der Entwicklung, Anwendung und Funktion des Konnossementsreverses. Es folgt eine Untersuchung der rechtlichen Probleme, die sich bemüht, die wirtschaftlichen Interessen aller Beteiligten gegeneinander abzuwägen; eine eingehende Übersicht über die Rechtsprechung ist mit ihr verbunden. Den Abschluß bildet eine Darstellung und Würdigung der zahlreichen Reformvorschläge. Wirtschaft und Recht des Auslandes sind in weitestgehendem Umfange berücksichtigt.

Bank und Börse

Koch, R., und **Schacht,** Hjalmar, **Die Reichsgesetzgebung über das Münz- und Notenbankwesen.** Textausgabe mit Anmerkungen und Sachregister. Siebente, völlig neubearbeitete Auflage. Taschenformat. XVIII, 617 Seiten. 1925. (Guttentagsche Sammlung Deutscher Reichsgesetze Bd. 26.) . . . . Geb. RM. 14.—
„Dieser Kommentar zeichnet sich durch Vollständigkeit und Reichhaltigkeit aus und bietet außerdem in der Einleitung einen vortrefflichen Überblick über die Entwicklung des deutschen Noten- und Geldwesens während der letzten Jahrzehnte."
Monatsschrift für Handelsrecht und Bankwesen.

Nußbaum, Arthur, **Bank- und Börsenrecht.** Eine Sammlung von Gesetzen und Geschäftsbedingungen. Taschenformat. XII, 622 Seiten. 1927. (Guttentagsche Sammlung Deutscher Reichsgesetze Bd. 169)
Geb. RM. 11.—
Die vorliegende Sammlung der verstreuten bank- und börsenrechtlichen Vorschriften fehlte bisher in der kaufmännischen und juristischen Bankpraxis ebenso wie im handelsrechtlichen und betriebswirtschaftlichen Unterricht. Ihr Erscheinen wurde daher vielseitig begrüßt. Die Sammlung berücksichtigt auch die dem freien Verkehr entstammenden Rechtsbildungen.

Kommentar zum **Börsengesetz.** Im Auftrage des Centralverbandes des Deutschen Bank- und Bankiergewerbes (E. V.) bearbeitet von H. Rehm, H. Trumpler, Heinrich Dove, Ernst Neukamp, R. Schmidt-Ernsthausen, James Breit. Mit einem Vorwort von J. Rießer. Lexikon-Oktav. VIII, 464 Seiten. 1909.
RM. 12.—, geb. RM. 13.50
„Einen so guten Kommentar zum Börsengesetz hat es noch nie gegeben. Wer sich darein vertieft, wird reiche Belehrung daraus schöpfen über das Börsenwesen im allgemeinen und über seine Rechtsübung und Rechtsprechung im besonderen."
Sächsisches Archiv für Rechtspflege.

Hemptenmacher, Th., **Börsengesetz.** Dritte Auflage von O. Meyer. Taschenformat. XXIII, 373 Seiten. 1915. (Guttentagsche Sammlung Deutscher Reichsgesetze Bd. 41.) . . . . Geb. RM. 3.50

„Das Bändchen bringt neben einem kurzen Überblick und einem vorteilhaft erweiterten Anhang das Börsengesetz nebst Ausführungsbestimmungen. Alles in allem schließt sich auch dieses Bändchen wieder den übrigen Textausgaben der wegen ihrer unbedingten und erschöpfenden Sachlichkeit bekannten Guttentagschen Sammlung Deutscher Reichsgesetze würdig an." Bayrische Handelszeitung.

Lusensky, F., **Gesetz, betreffend die Pflichten der Kaufleute bei Aufbewahrung fremder Wertpapiere (Depotgesetz).** Neue Auflage in Bearbeitung. (Guttentagsche Sammlung Deutscher Reichsgesetze Bd. 40.)

„Die beste Bearbeitung des sogenannten Depotgesetzes." Zeitschrift für Aktiengesellschaften.

Frohner, G., **Aktiensonderdepot und Legitimationsübertragung.** (Hamburger Rechtsstudien, herausgegeben von Mitgliedern der Rechts- und Staatswissenschaftlichen Fakultät der Hamburgischen Universität, Heft 3.) Groß-Oktav. VII, 114 Seiten. 1929 . . . . RM. 7.—

Schwerin, Frh. Cl. von, **Recht der Wertpapiere** (einschließlich Wechsel- und Scheckverkehr). Oktav. X, 234 Seiten. 1924. (Lehrbücher und Grundrisse der Rechtswissenschaft Bd. 7.) RM. 7.—, geb. RM. 8.50

„Das Buch löst seine Aufgabe, den Studierenden eine Einführung in die Materie des Wertpapierrechts zu geben, ausgezeichnet, vor allem deshalb, weil es eine gute theoretische Fundierung mit einer dem Lehrzweck entsprechenden Darstellung des praktischen Rechts und der Rechtstatsachen verbindet." Deutsche Juristenzeitung.

Zeitgemäße Bankrechtsfragen. Festgabe der Rechtsabteilung der Disconto-Gesellschaft zum 70. Geburtstage des Herrn Dr. jur. Arthur Salomonsohn. Quart. 126 Seiten. 1929 . . . RM. 8.—, geb. RM. 10.—

„Der Band enthält 8 vorzügliche Aufsätze. Die Verfasser befassen sich mit Problemen, die in der Rechtsabteilung einer Großbank oft zur Debatte stehen und deren endgültige Klärung ein praktisches Bedürfnis ist." Wirtschaftl. Nachrichten.

Verhandlungen des VII. allgemeinen deutschen Bankiertages. Köln 9.—11. September 1928 auf Grund stenographischer Berichte. Groß-Oktav. 436 Seiten. 1928 . . . . RM. 10.—

III. Grenzgebiete des Bürgerlichen Rechts

1. Privat- und Sozialversicherung

Koenige, Heinrich, und **Petersen,** A., **Gesetz über die privaten Versicherungsunternehmungen** vom 12. Mai 1901. Textausgabe mit Anmerkungen und Sachregister. Dritte, umgearbeitete Auflage. Taschenformat. 856 Seiten. 1927. (Guttentagsche Sammlung Deutscher Reichsgesetze Bd. 62.) . . . . Geb. RM. 20.—

„Der Verfasser hat es meisterhaft verstanden, reiche Literatur und Judikatur zu dem wichtigen Grundgesetz der Privatversicherung mit seiner eigenen selbständigen Auffassung von der Bedeutung der Gesetzesbestimmungen in Verbindung zu bringen. Für Theorie und Praxis der Privatversicherung wird das Werk dadurch zu einem unentbehrlichen Hilfsmittel." Deutsche Versicherten-Zeitung.

Bruck, E., **Reichsgesetz über den Versicherungsvertrag** nebst dem zugehörigen Einführungsgesetz vom 30. Mai 1908. Sechste, vollkommen neubearbeitete Auflage. Taschenformat. 708 Seiten. 1929. (Guttentagsche Sammlung Deutscher Reichsgesetze Bd. 83.) Geb. RM. 14.—

„. . . Obwohl ich mit dem Worte „unentbehrlich" sparsam umgehe, muß ich anerkennen, daß niemand, der in irgendwelcher Art mit Versicherungsgeschäften zu tun hat, den Bruck'schen Kommentar entbehren könnte." Reichsgerichtsrat Schliewen i. d. Jurist. Rundschau.

Moldenhauer, Paul, **Das Versicherungswesen.**
I. Allgemeine Versicherungslehre. Vierte Auflage. 152 Seiten. 1925. (Sammlung Göschen Bd. 262.) . . . . Geb. RM. 1.80
II. Die einzelnen Versicherungszweige. Zweite Auflage. 130 Seiten. 1923. (Sammlung Göschen Bd. 636.) . . . . Geb. RM. 1.80

„Das Buch ist für jeden, der sich mit dem Versicherungswesen und seinen Zweigen vertraut machen will, ein trefflicher Führer.“

Versicherungspost.

Veröffentlichungen des Reichs-Aufsichtsamts für Privatversicherung. Groß-Oktav. 29. Jahrgang. Pro Band RM. 40.—, bis RM. 50.—

Versicherungsstatistik für 1902 über die unter Reichsaufsicht stehenden Unternehmungen. Herausgegeben vom Reichsaufsichtsamt für Privatversicherung. Lexikon-Oktav. LXXVII, 384 Seiten. 1905. RM. 10.—
— für 1903 bis 1917 . . . . Je Jahrgang RM. 10.—
— für 1928 bis 1929. 1930 . . . . RM. 24.—

v. Liebig, Eugen, **Das deutsche Feuerversicherungswesen.** Groß-Oktav. 211 Seiten. 1911 . . . . RM. 5.—

„In einer außerordentlich klaren Darstellung gibt der Verfasser einen geschichtlichen Überblick von den Gilden an bis zum gegenwärtigen Stand der Feuerversicherung in Deutschland. Das Buch ist in so flüssiger, schöner Sprache geschrieben, daß auch der Anfänger und selbst der Laie durch die fesselnde Darstellung leicht einen tiefen Einblick in das Wesen der Feuerversicherung gewinnen wird.“ *Archiv für Versicherungswirtschaft.*

Weygand, J., **Die Grundzüge der Kundenversicherung.** (Generalversicherung der Speditions- und Lagergüter.) Mit einer Einleitung über das Interesse als Element der Sachversicherung. Groß-Oktav. 162 Seiten. 1914 . . . . RM. 4.—

„Das interessante Werk bietet namentlich für Juristen wertvolle Hinweise zur Rechtsbehandlung der Kundenversicherungsfrage.“

Archiv für Gewerbepolitik und Volkswirtschaft.

Berliner, Ludwig, und **Pfaffenberger,** Ernst, **Aufwertung von Versicherungsansprüchen** mit Durchführungsbestimmungen.
I. Teil. Oktav. 235 Seiten. 1926. Mit Nachtrag. (Guttentagsche Sammlung Deutscher Reichsgesetze Bd. 164.) . . . . Geb. RM. 6.50
II. Teil: Sach- und Transportversicherung; Unfall- und Haftpflichtversicherung. Oktav. 112 Seiten. 1926. (Guttentagsche Sammlung Deutscher Reichsgesetze Bd. 164a.) . . . . Geb. RM. 3.50

„Ein bedeutsamer Kommentar, durch den die gesetzlichen Bestimmungen von der juristischen und versicherungstechnischen Seite aus eingehend erläutert werden. In seinem straffen, systematischen Aufbau, der Geschlossenheit der Darstellung muß man das Buch als ein Standardwerk für das gesamte versicherungsrechtliche Aufwertungsgebiet bezeichnen.

Ein unentbehrlicher Ratgeber in allen interessierten Kreisen.“

Versicherungs-Post, Berlin.

Tsirintanis, Alexander, **Die Order-Polize.** Groß-Oktav. 95 Seiten. 1930. (Hamburger Rechtsstudien, Heft 6.) RM. 6.—

Der Verfasser behandelt die Frage, inwieweit das Versicherungsrecht, um den heutigen Verkehrsbedürfnissen zu entsprechen, die Orderklausel und das Indossament verwerten kann. Nach einer Darstellung und kritischen Würdigung der Ergebnisse aus der Anorderstellung des Versicherungsscheins in anderen Ländern, insbesondere in Frankreich, versucht der Verfasser die rechtlichen und wirtschaftlichen Folgen aus der Ausstellung von Order-Polizen darzulegen. In einem besonderen Teil wird die Order-Polize mit anderen, auf denselben wirtschaftlichen Erfolg gerichteten Rechtsinstituten, namentlich der Versicherung für Rechnung wen es angeht, verglichen und die vorhandenen Unterschiede gestreift.

Lippmann, Karl, **Die Reichsversicherungsordnung** in der Fassung der Bekanntmachung vom 15. Dezember 1924 und des Gesetzes über das Reichsschiedsamt vom 22. Januar 1925 nebst dem Einführungsgesetze, den wichtigsten Ausführungsvorschriften, den ergänzenden Gesetzen und Verordnungen sowie den Verordnungen über das Verfahren. Oktav. XV, 589 Seiten. 1925. (Guttentagsche Sammlung Deutscher Reichsgesetze Bd. 161.) . . . . Geb. RM. 11.—

Ergänzungsband, enthaltend den vollständigen Wortlaut der neuen Fassung des Unfallversicherungsgesetzes sowie die Ergänzungen der übrigen Bücher der RVO. Oktav. 224 Seiten. 1926. (Guttentagsche Sammlung Deutscher Reichsgesetze Bd. 161a.) . . . Geb. RM. 4.—

Zweiter Ergänzungsband, enthaltend weitere Änderungen und Ergänzungen durch die in der Zeit von Anfang 1926 bis Mitte 1928 erlassenen Gesetze und Verordnungen. Zweite, vermehrte Ausgabe, Stand vom 1. Juli 1928. Oktav. 71 Seiten. 1928. (Guttentagsche Sammlung Deutscher Reichsgesetze Bd. 161b.) . . . . . RM. —.80

Dritter Ergänzungsband, enthaltend weitere Änderungen und Ergänzungen durch die bis Mitte 1929 erlassenen Gesetze und Verordnungen. Oktav. 81 Seiten. 1929. (Guttentagsche Sammlung Deutscher Reichsgesetze Bd. 161c.) . . . . RM. 1.—

„Das Buch dürfte sich in der Bibliothek eines jeden finden, der sich mit der Reichsversicherungsordnung befaßt. Es gehört zu den praktisch wertvollsten.“ Deutsche Allgemeine Zeitung.

Reuß, Max, und **Hense,** Fritz. **Das Reichsknappschaftsgesetz** vom 1. Juli 1926 nebst Einführungsgesetz. 2. Aufl. Taschenformat. XVI, 640 Seiten. 1926. (Guttentagsche Sammlung Deutscher Reichsgesetze Bd. 155.) . . . . Geb. RM. 12.—

„Die Herausgabe des Gesetzes bedarf keiner besonderen Empfehlung. Das Buch kann allen, die auf dem Gebiete des Knappschaftswesens tätig sind, aufs wärmste empfohlen werden.“

Zeitschrift für Bergrecht.

Embden, Helmuth, **Versicherung für Rechnung wen es angeht.** Groß-Oktav. VIII, 39 Seiten. 1930 . . . . RM. 3.—
(Hamburger Rechtsstudien, Heft 8.)

Im ersten Teil wird der versicherungsrechtliche Interessenbegriff im streng individualistischen Sinne präzisiert. Im Hauptteil versucht dann der Verfasser, die universelle Vertragsform der Versicherung für Rechnung wen es angeht in Einklang mit einer so engen Auffassung des Interessenbegriffs zu bringen.

Angestelltenversicherungsgesetz vom 28. Mai 1924. Zweite Auflage. Taschenformat. 143 Seiten. 1927. Mit Nachtrag. (Guttentagsche Sammlung Deutscher Reichsgesetze. Textausgaben ohne Anmerkungen.) Geb. RM. 2.50

Diese neue Ausgabe entspricht der neuesten Fassung des Gesetzes unter Berücksichtigung der letzten Änderungen und Verordnungen. Das beigefügte Sachregister erleichtert das rasche Zurechtfinden in den einzelnen Bestimmungen des Gesetzes.

Manes, Alfred, **Sozialversicherung.** 7., ergänzte Aufl. 1928. Kl.-Oktav. 139 Seiten. (Sammlung Göschen Bd. 267.) . . . . Geb. RM. 1.80

„Es gibt keine andere Darstellung der geltenden Sozialversicherung, die in solch erfreulicher Kürze und Sachlichkeit durch die annähernd 2400 Paragraphen führt.“

Hanseatische Rechts- und Gerichts-Zeitschrift.

Schmeißer, Herbert, **Das Gesetz über Arbeitsvermittlung und Arbeitslosenversicherung** in der Fassung der Notverordnung vom 1. Dezember 1930. 2 Bände. Taschenformat. Band I: XVI, 639 Seiten. 1931. Band II erscheint voraussichtlich im Sommer 1931. (Guttentagsche Sammlung Deutscher Reichsgesetze Bd. 165.) . . . . Geb. RM. 15.—

Der bekannte Verfasser bringt mit diesem Werk einen Kommentar zum gesamten Arbeitsvermittlungs- und Arbeitslosenrecht, das im Laufe der Jahre umfangreichen Änderungen unterworfen war und so unübersichtlich geworden ist, daß eine straffe, übersichtliche und allgemeinverständliche Kommentierung für den Fach- und Nichtfachmann immer dringlicher wird. Der Verfasser berücksichtigt das gesamte einschlägige Material: Rechtsprechung der Arbeitsgerichte, der Spruchbehörden, der Arbeitslosenversicherung und der Beschluß- und Spruchbehörden der RVO. Die grundsätzlichen Entscheidungen des Spruchsenats für die Arbeitslosenversicherung sind bis Ende Januar 1931 verarbeitet, ferner die Begründung zu den Gesetzentwürfen und die Verhandlungen der gesetzgebenden Körperschaften. — Auch die vielen Ausführungsbestimmungen sind erläutert.

2. Arbeitsrecht

Depène, Hans, **Das Arbeitsgerichtsgesetz.** Taschenformat. (Guttentagsche Sammlung Deutscher Reichsgesetze Bd. 168.) 2. Auflage im Druck.

Arbeitsrechtliche Spruchsammlung. Beiträge zum Deutschen Handwerksblatt . . . . Pro Quartal RM. 0.90

Günther, Adolf, und **Schneider,** Richard, **Arbeiterschutz und Arbeitsrecht.** Zweite Auflage. Taschenformat.

I. Teil: **Arbeitszeitschutz.** Das Arbeitszeitnotgesetz und die übrige arbeitszeitrechtliche Gesetzgebung des Reichs seit dem 9. November 1918. 386 Seiten. 1927 . . . . Geb. RM. 7.50

„Der Kommentar umfaßt die gesamte arbeitszeitrechtliche Gesetzgebung von der Staatsumwälzung bis zur Gegenwart. Er ist ein Führer durch das weite und unübersichtliche Gebiet der arbeitszeitrechtlichen Gesetzgebung. Ein ausführliches Sachregister soll die praktische Benutzung erleichtern.“ Die Wirtschaftsgenossenschaft.

II. Teil: Gesetz über die **Beschäftigung Schwerbeschädigter** nebst den einschlägigen gesetzlichen Bestimmungen. 404 Seiten. 1928. (Guttentagsche Sammlung Deutscher Reichsgesetze Bd. 138a/138c.) Geb. RM. 8.—

„Das Buch stellt nicht nur beim Studium des Gesetzes ein wertvolles Hilfsmittel dar, sondern ist auch für den Handgebrauch des Arbeitsrechtspraktikers unentbehrlich.“ Berliner Wohlfahrtsblatt.

IV. Teil: **Betriebsstillegungsverordnung.** 240 Seiten. 1929. (Guttentagsche Sammlung Deutscher Reichsgesetze. Bd. 138d.) Geb. RM. 6.50

Warneyer, Otto, **Betriebsrätegesetz** vom 4. Februar 1920 nebst der Wahlordnung zum Betriebsrätegesetz, dem Aufsichtsratsgesetz samt Wahlordnung und den Ausführungsverordnungen des Reichs und der Länder. Auf der Grundlage der Güntherschen Textausgabe mit Anmerkungen erläutert unter besonderer Berücksichtigung der Rechtsprechung des Reichsgerichts und des Reichsarbeitsgerichts. Zweite Auflage. Taschenformat. 235 Seiten. 1931. (Guttentagsche Sammlung Deutscher Reichsgesetze Bd. 138 b.) . . . . . . Geb. RM. 5.—

Diese Handausgabe ist ihrer Anlage nach ein verkürzter Kommentar, der die Entwicklung des Gesetzes, der Rechtsprechung — vor allem des Reichsarbeitsgerichts! — und der einschlägigen Literatur bis Ende 1930 berücksichtigt. Die übersichtliche Anordnung sowie die Prägnanz und Leichtigkeit der Sprache ermöglichen allen Interessenten bequemste Auswertung.

Tilly, Dr. Helmuth Tczerclas von, **Internationales Arbeitsrecht.** Unter besonderer Berücksichtigung der Internationalen Arbeitsorganisation. 120 Seiten. 1924. (Sammlung Göschen Bd. 882.) . . . . Geb. RM. 1.80

Es ist das erste Werk, das in klarer, kurzer und allen leicht verständlicher Weise das gesamte grundlegende Tatsachenmaterial — und zwar nur dieses — auf dem umfassenden Gebiete des internationalen Arbeiterschutzes von dessen ersten Anfängen bis in die neueste Zeit bietet.

3. Gewerberecht

Hiller, Fr., und **Luppe,** H., **Gewerbeordnung für das Deutsche Reich nebst Kinderschutzgesetz und Hausarbeitsgesetz** sowie den für das Reich und Preußen erlassenen Ausführungsbestimmungen. Einundzwanzigste, veränderte Auflage. (143. bis 148. Tausend.) Taschenformat. 931 Seiten. 1928. Mit Nachtrag vom 11. 2. 1929. (Guttentagsche Sammlung Deutscher Reichsgesetze Bd. 6.) . . . . Geb. RM. 11.—

„Ein Wort der Empfehlung für dieses Buch zu sagen, erübrigt sich. Hervorgehoben sei, daß diese Auflage alle Vorzüge der früheren Auflagen in sich schließt. Die zahlreichen neuen Gesetze sind erschöpfend berücksichtigt." Zeitschrift des Deutschen Notarvereins.

Brassert, H., **Allgemeines Berggesetz** für die preußischen Staaten mit Kommentar. Zweite Auflage, bearbeitet von Hans Gottschalk. Groß-Oktav. XXIX, 1291 Seiten. 1914. RM. 27.—, geb. RM. 30.—

Sonnenfeld, Hugo, **Die reichsrechtlichen Bestimmungen, betreffend den Handel mit Drogen und Giften.** Dritte, veränderte Auflage. Taschenformat. 435 Seiten. 1926. (Guttentagsche Sammlung Deutscher Reichsgesetze Bd. 64.) . . . . Geb. RM. 12.—

„Die Arbeit gehört einem Spezialgebiet an, mit dem nicht jeder Jurist zu tun hat. Wird er einmal genötigt, sich auf dieses Gebiet zu begeben, so ist er um so dankbarer für eine Arbeit, die sofort den Eindruck größter Sachkunde und vollständiger Materialsammlung macht, und deren Führung man sich unbedenklich anvertrauen kann." Vossische Zeitung.

Friedrichs, Karl, **Gaststättengesetz** vom 28. April 1930 mit den Durchführungs- und Ausführungsverordnungen des Reichs und Preußens. Taschenformat. VIII, 144 Seiten. 1930. (Guttentagsche Sammlung Deutscher Reichsgesetze, Textausgabe mit Erläuterungen und Sachregister, Band 176.) . . . . RM. 3.50

Der Verlag legt hiermit auch das Gaststättengesetz in seiner neuen Fassung mit ausführlichen Erläuterungen von Justizrat Dr. Karl Friedrichs vor, der als Kommentator von Verwaltungsgesetzen einen besonderen Namen hat. Der Verfasser hat zur vollständigen und zuverlässigen Erläuterung alles herangezogen, was aus der bisherigen Rechtsprechung und den einschlägigen Reichstagsdrucksachen verwertbar ist; die Durch- und Ausführungsverordnungen für das Reich und Preußen sind wörtlich abgedruckt und, soweit notwendig, erläutert.

Lebbin, Georg, **Nahrungsmittelgesetze** mit Erläuterungen. Zweite, stark vermehrte Auflage in zwei Bänden.

I. Band: Das Lebensmittelgesetz vom 5. Juli 1927 mit Nebengesetzen (Margarine, Fleisch, Milch, Süßstoff, Essigsäure usw.). Erläutert von G. Lebbin und R. Gießner. Taschenformat. XVI, 419 Seiten. 1928. Geb. RM. 8.50

II. Band: Getränkegesetze und Getränkesteuergesetze (Wein, Bier, Branntwein, Mineralwasser). Unter Mitarbeit von Rechtsanwalt Dr. Kniebe. Taschenformat. XII, 400 Seiten. 1926. (Guttentagsche Sammlung Deutscher Reichsgesetze Bd. 54b.) . . . . Geb. RM. 10.—

„Das Werk ist für unsere Leser und überhaupt die ganze Fachwelt der Getränkeindustrie unentbehrlich, muß doch jedermann mit den einschlägigen Gesetzesbestimmungen sich soweit wie irgend möglich vertraut machen, wenn er nicht in Nachteile geraten will. Die Anschaffung des Buches kann bestens empfohlen werden." Branntweinmonopol.

Voß, Werner, **Die reichs- und landesrechtlichen Bestimmungen auf dem Gebiete des Gesundheitswesens.** Taschenformat. 608 Seiten. 1929. (Guttentagsche Sammlung Deutscher Reichsgesetze Bd. 172.) Geb. RM. 11.—

„Das Buch wird seiner Aufgabe, fast den gesamten Gesetzesstoff in einem einzigen kleinen Bande in die Hand zu geben, gewiß gerecht und wird sich schnell als unentbehrliches Hilfsmittel für jeden erweisen, der öfter mit dem Gesundheitswesen zu tun hat." Reichsverwaltungsblatt.

4. Geistig-gewerblicher Rechtsschutz.

Elster, Alexander, **Urheber- und Erfinder-, Warenzeichen- und Wettbewerbsrecht.** (Gewerblicher Rechtsschutz.) Zweite, stark erweiterte und völlig umgearbeitete Auflage. Mit Abdruck der Gesetzestexte. Oktav. XII, 611 Seiten. 1928. (Lehrbücher und Grundrisse der Rechtswissenschaft Bd. VIII.) . . . . RM. 18.—, geb. RM. 19.50

„Seit Kohler und Osterrieth endlich wieder das lang entbehrte Lehrbuch. Hier unternimmt ein wahrhaft selbständiger und ideenreicher Kopf den Versuch, eine wirkliche Synthese zu schaffen." Juristische Rundschau.

Neuberg, J., **Der internationale gewerbliche Rechtsschutz.** 2. Auflage. 128 Seiten. 1923. (Sammlung Göschen Bd. 271.) . . . Geb. RM. 1.80

Daude, Paul, **Die Reichsgesetze über das Urheberrecht an Werken der Literatur und der Tonkunst und das Verlagsrecht** vom 19. Juni 1901 in der Fassung des Gesetzes vom 22. Mai 1910 zur Ausführung der revidierten Berner Übereinkunft. Oktav. VIII, 293 Seiten. 1910. RM. 6.—

„Der Zusammenhang der erläuterten Gesetze mit dem Strafgesetzbuch, dem Bürgerlichen Gesetzbuch und anderen Gesetzen ist in leichtverständlicher Weise praktisch dargestellt. Es wird vorzügliche Dienste leisten." Deutsche Literatur-Zeitung.

Lindemann, O., **Gesetz, betr. das Urheberrecht** an Werken der Literatur und der Tonkunst. Vierte Auflage. Taschenformat. 171 Seiten. 1921. (Guttentagsche Sammlung Deutscher Reichsgesetze Bd. 60.) Geb. RM. 1.80

„Die Arbeit ist nicht bloß eine Gesetzesausgabe, sondern ein wertvoller Kommentar des Gesetzes. Das Werk sei jedermann auf das beste empfohlen." Juristische Wochenschrift.

Fuld, Ludwig, **Gesetz, betr. das Urheberrecht an Werken der bildenden Künste und der Photographie.** Zweite Auflage. Taschenformat. 192 Seiten. 1925. (Guttentagsche Sammlung Deutscher Reichsgesetze Bd. 81.) . . . . Geb. RM. 6.—

„Der zwar kleine, aber inhaltreiche und daher sehr beliebte Kommentar von Fuld erscheint in zweiter, völlig neubearbeiteter Auflage. Überall ist dem Stande der heutigen Rechtsprechung und wissenschaftlichen Auffassungen Rechnung getragen. In einem Anhang sind die einschlägigen internationalen Übereinkommen abgedruckt. Alle Interessenten werden mit Freuden die neue Auflage begrüßen." Danziger Juristische Monatsschrift.

Reininger, O., **Der Schutz des Urheberrechts im deutschen Rundfunk.** Oktav. 88 Seiten. 1929 . . . . RM. 4.—

„Eine interessante, zeitgemäße, namentlich auch für geistige Neuschöpfer wichtige Studie." Badische Rechtspraxis.

Andritzky, Christoph, **Die Rechtsstellung des Drehbuchautors.** Oktav. XI, 80 Seiten. 1931 . . . . RM. 3.50

Andritzky äußert sich zu den Streitfragen um die Urheberschaft am Film. Er trennt scharf zwischen künstlerischer Leistung und künstlerisch-urheberischer Schöpfung und kommt zu der These: Der Filmurheber ist der Urheber des kurbelfertigen Drehbuches. — Die

Verhältnisse beim Tonfilm sind, soweit dies möglich erschien, berücksichtigt.

Heinitz, Ernst, **und Marwitz,** Bruno, **Das Reichsgesetz über das Verlagsrecht.** Textausgabe mit Einleitung, Anmerkungen und Sachregister. Dritte Auflage. Taschenformat. 136 Seiten. 1922. (Guttentagsche Sammlung Deutscher Reichsgesetze Bd. 61.) . . . . Geb. RM. 1.60

„Dieser kurze Kommentar ist durch seine knappen, das Wichtige klar vortragenden Darlegungen dazu berufen, eine Lücke auszufüllen, die sich für den Praktiker des Verlagsrechts seit Jahren ergab. Man darf deshalb das Erscheinen dieser neuen Auflage aus der Feder des Spezialisten des Verlagsrechts mit größter Freude begrüßen."
Börsenblatt für den Deutschen Buchhandel.

Elster, A., **Das deutsche Urheber- und Verlagsrecht.** 128 Seiten. 1923. (Sammlung Göschen Bd. 863.) . . . . Geb. RM. 1.80

„Erstaunlich ist, wie Elster diese beiden so viel umstrittenen Gesetze auf so engem Raum in vortrefflicher Weise zur Darstellung gebracht hat." *Deutscher Journalistenspiegel.*

Heymann, E., **Die zeitliche Begrenzung des Urheberrechts.** Oktav. 74 Seiten. 1927. (Sitzungsberichte der Preußischen Akademie der Wissenschaften zu Berlin.) . . . . RM. 5.—

Pietzcker, Eduard, **Patentgesetz und Gebrauchsmusterschutzgesetz.** Kommentar unter Berücksichtigung der vorgeschlagenen und weiter beantragten Abänderungen des Patentgesetzes. Erster Halbband: §§ 1—12 PatG. Groß-Oktav. 427 Seiten. 1929. (Gewerbe- und Industrie-Kommentar Bd. V, 1.) . . . . . RM. 26.—, geb. RM. 28.—

„Die überall zutage tretende geistige Leistung macht Pietzckers Kommentar für jeden, der sich mit diesem Rechtsgebiet zu beschäftigen hat, zum unentbehrlichen Rüstzeug."
Markenschutz und Wettbewerb.

Seligsohn, Arnold, **Patentgesetz und Gesetz, betr. den Schutz von Gebrauchsmustern.** Siebente Auflage. Oktav. 1930. In Bearbeitung.

„Die Vorzüge des Buches sind bekannt. Klare, leichtfaßliche Sprache, wissenschaftliche Vertiefung, dabei starke Betonung der Praxis, lückenlose Behandlung aller Probleme sind die Vorzüge, die den Seligsohnschen Kommentar zum unentbehrlichen Rüstzeug jedes im gewerblichen Rechtsschutz Tätigen gemacht haben."
Mitteilungen vom Verband Deutscher Patentanwälte.

Lutter, R., **Patentgesetz.** Nebst Ausführungsbestimmungen, völkerrechtlichen Verträgen und Patentanwaltsgesetz, unter eingehender Berücksichtigung der Rechtsprechung des Reichsgerichts und der Praxis des Reichspatentamts. Neunte Auflage. Taschenformat. XV, 467 Seiten. 1928. (Guttentagsche Sammlung Deutscher Reichsgesetze Bd. 22.) Geb. RM. 10.—

„Der jetzige Verfasser hat einen völlig neuen Kommentar geschaffen, der in seiner Knappheit und Sparsamkeit dem ursprünglichen Zweck gerecht wird, aber an wissenschaftlicher Durcharbeitung und Gründlichkeit die vorangegangenen Auflagen weit überragt."
Gewerblicher Rechtsschutz und Urheberrecht.

Elster, A., **Das deutsche Erfinderrecht.** (Patent- und Musterschutzrecht). 118 Seiten. 1924. (Sammlung Göschen Bd. 891.) . . Geb. RM. 1.80

„Die Aufgabe, einen Überblick über das deutsche Erfinderrecht zu geben, ist im Rahmen der kurzen Erörterungen mit viel Geschick gelöst. Deshalb wird das Büchlein auch bei allen Gruppen der am Patentrecht interessierten Personen seine Freunde finden."
Gewerblicher Rechtsschutz und Urheberrecht.

Seligsohn, Jul., **Geheimnis und Erfindungsbesitz.** Groß-Oktav. 147 Seiten. 1921 . . . . RM. 3.—

Pinner-Elster, Gesetz gegen den unlauteren Wettbewerb. Achte, sehr vermehrte und umgestaltete Auflage. Taschenformat. 254 Seiten. 1927. (Guttentagsche Sammlung Deutscher Reichsgesetze Bd. 37.) Geb. RM. 5.—

„Das Buch ist mehr als eine bloße ‚Textausgabe mit Anmerkungen', nämlich ein richtiger Kommentar, und wird in der Praxis ausgezeichnete Dienste tun."

Senatspräsident am Reichsgericht Dr. Lobe, Leipzig, i. d. Jurist. Wochenschrift.

Wassermann, Martin, **Der unlautere Wettbewerb** nach deutschem Recht. I. Generalklausel, Reklameauswüchse, Ausverkaufswesen, Angestelltenbestechung. 160 Seiten. 1911. II. Kreditschädigung, Firmen- und Namenmißbrauch, Verrat von Geheimnissen, Ausländerschutz. 151 Seiten. 1911. (Sammlung Göschen Bd. 339 u. 535.) . . . Geb. je RM. 1.80

Wolff, F., und Crisolli, K.-A., Das Recht der Reklame. Lexikon-Oktav. 424 Seiten. 1929 . . . . RM. 20.—, geb. RM. 22.—

„. . Mit großer Umsicht ist ein umfänglicher Stoff gesammelt und in gründlicher Arbeit juristisch durchdrungen und dargestellt. Das Buch ist wohl in erster Reihe für Juristen bestimmt, aber auch für wirtschaftliche Kreise und Reklamefachleute wertvoll und jedenfalls für die Beschäftigung mit diesem Sondergebiet ein zuverlässiges Hilfsmittel." Juristische Rundschau.

Hagens, Alfred, **Warenzeichenrecht.** Kommentar. Groß-Oktav. VIII, 408 Seiten. 1927. (Gewerbe- und Industrie-Kommentar Bd. III.) RM. 22.—, geb. RM. 24.—

„Eine ausführliche Darstellung, die zeigt, daß der Verfasser das gesamte Fachschrifttum und die reichhaltige Rechtsprechung restlos beherrscht. Ich habe gefunden, daß nicht ein einziger Fall von Bedeutung fehlt." Markenschutz und Wettbewerb.

Seligsohn, Arnold, **Gesetz zum Schutz der Warenbezeichnungen.** Dritte Auflage, bearbeitet in Gemeinschaft mit Martin Seligsohn in Berlin. Groß-Oktav. IV, 416 Seiten. 1925. RM. 15.—, geb. RM. 16.50

„Der Kommentar zeigt alle Vorzüge des in der Wissenschaft und Praxis des gewerblichen Rechtsschutzes gleich ausgezeichneten Juristen: volle theoretische und praktische Beherrschung des Stoffes, klare Darstellungsgabe, sorgsame Behandlung und treffsicheres Urteil."

Badische Rechtspraxis.

Freund, G. S., **Magnus,** Julius, und **Jüngel,** Friedrich, **Das deutsche Warenzeichenrecht.** Sechste, neubearbeitete Auflage. Teil I: Die internationalen Verträge. VI, 247 Seiten. Mit 4 Tafeln. 1924. (Guttentagsche Sammlung Deutscher Reichsgesetze Bd. 87a.) Geb. RM. 9.—

„Das ganze Werk mit seiner Fülle von Gesetzen, Verordnungen, Verträgen, Bekanntmachungen bildet eine Quellensammlung für das internationale deutsche Zeichenrecht, ohne die man fortan nicht mehr auskommen kann." Gewerblicher Rechtsschutz und Urheberrecht.

Born, A., **Reichspreßgesetz** vom 7. Mai 1874 nebst den einschlägigen Bestimmungen der Reichsverfassung, des Reichsstrafgesetzbuches, der Gewerbeordnung usw. Mit Kommentar und Sachregister. Dritte Auflage. Taschenformat. 176 Seiten. 1924. (Guttentagsche Sammlung Deutscher Reichsgesetze Bd. 53.) . . . . Geb. RM. 4.—

„Das Werk bringt eine sehr reichhaltige Kommentierung des Stoffes, die um so wertvoller ist, als den Entscheidungen der Wortlaut der Urteilsbegründungen beigefügt ist. Sämtliche einschlägigen Bestimmungen der das Pressewesen berührenden Gesetze sind aufgeführt, eingehend besprochen und in Beziehung zueinander gebracht worden. Als Nachschlagewerk in Zweifelsfällen wird das Buch von großem Nutzen sein." Ministerialblatt für die preußische innere Verwaltung.

IV. Zivilprozeß

Fischer, Otto, **Lehrbuch des deutschen Zivilprozeß- und Konkursrechts.** Groß-Oktav. XII, 488 Seiten. 1918 . . . RM. 8.—, geb. RM. 10.—

Kisch, Wilh., **Deutsches Zivilprozeßrecht.**
I. Band. Vierte, verbesserte Auflage. 115 Seiten. 1929. (Sammlung Göschen Bd. 428.) . . . . Geb. RM. 1.80
II. Band. Vierte, verbesserte Auflage. 168 Seiten. 1929. (Sammlung Göschen Bd. 430.) . . . . Geb. RM. 1.80
III. Band. Vierte, verbesserte Auflage. 148 Seiten. 1929 (Sammlung Göschen Bd. 430.) . . . . Geb. RM. 1.80

Diese Auflage wird jedem, der sich auf gemeinverständliche Weise über unser geltendes Zivilgerichtswesen unterrichten will, gute Dienste leisten, und kann namentlich den Studierenden des Rechts als Einführung bestens empfohlen werden.

Sydow, R., **Busch**, L., und **Krantz**, W., **Zivilprozeßordnung und Gerichtsverfassungsgesetz** nebst Anhang, enthaltend Entlastungsgesetze und die Notverordnung vom 1. Dezember 1930. Handkommentar unter besonderer Berücksichtigung der Entscheidungen oberster Gerichte. Neubearbeitete, zwanzigste Auflage. Zwei Bände. Groß-Oktav. VIII, VIII und 1540 Seiten. 1930 . . . . Geb. RM. 33.—
(de Gruytersche Sammlung Deutscher Gesetze, Handkommentare.)

„Auch innerlich ist der ausgezeichnete Handkommentar von Sydow-Busch-Krantz verändert. Es sind viele veraltete Entscheidungen ausgemerzt und dafür die Erläuterungen durch eingehendere Darlegungen zweckmäßig erweitert worden. An der Grundanlage des Buches wurde nichts geändert, die Druckanordnung ist noch übersichtlicher als bisher. So wird das Buch seine alten Freunde behalten und ohne Zweifel viele neue hinzuerwerben."
Leipziger Zeitschrift für deutsches Recht.

Rosenberg, L., **Zivilprozeßgesetzgebung.** Taschenformat. 580 Seiten. 1930. Geb. RM. 8.—
(Lehrausgaben Deutscher Gesetze, Bd. II.)

„Die Besonderheiten dieser handlichen und erschöpfenden Ausgabe der Zivilprozeßgesetzgebung bestehen in der sachlichen Ordnung des umfassenden Stoffes, in der Hervorhebung von besonders Wesentlichem durch Sperrdruck, und vor allem aber darin, daß den einzelnen Paragraphen in systematischer Weise Überschriften vorausgeschickt sind, die die hier besonders wichtige Aufgabe erfüllen, den Aufbau des Gesetzes und den Zusammenhang der einzelnen Vorschriften klar erkennen zu lassen." *Juristische Wochenschrift.*

Zivilprozeßordnung mit Gerichtsverfassungsgesetz und Einführungsgesetzen in der Fassung der Bekanntmachung vom 13. Mai 1924 mit den bis 1. April 1929 ergangenen Abänderungen. Textausgabe mit Sachregister. Taschenformat. 440 Seiten. 1929. (Guttentagsche Sammlung von Textausgaben ohne Anmerkungen.) . . . Geb. RM. 3.50

Die handliche Ausgabe enthält den genannten Gesetzestext mit einem das Zurechtfinden sehr erleichternden Sachregister.

Sydow, R., **Busch**, L., und **Krantz**, W., **Gerichtsverfassungsgesetz** mit Einführungsgesetz. Unter besonderer Berücksichtigung der Entscheidungen des Reichsgerichts. Zehnte Auflage. Taschenformat. 347 Seiten. 1925. (Guttentagsche Sammlung Deutscher Reichsgesetze Bd. 14.)
Geb. RM. 6.—

„Das Buch bedarf keiner Empfehlung, es empfiehlt sich selbst durch die Fülle dessen, was es bietet. Gesetzgebung und Rechtsprechung sind bis in die neueste Zeit berücksichtigt."
Leipziger Zeitschrift für Deutsches Recht.

Rausnitz, Julius, **Gebührenordnung für Notare** vom 28. Oktober 1922 (GS. 404) nebst den einschlägigen Vorschriften des Preußischen Gerichtskostengesetzes vom 28. Oktober 1922 (GS. 363), beide in der Fassung der Gesetze vom 12. April 1923 (GS. 107), 18. Dezember 1923 (GS. 556) und der Verordnung vom 28. Juni 1924 (GS. 573). Sechste, umgearbeitete Auflage. Oktav. 158 Seiten. 1925. (Guttentagsche Sammlung Preußischer Gesetze Bd. 4.) . . . Geb. RM. 7.—

„Der in seiner äußeren Form sehr handlich und gut ausgestaltete Kommentar kann nur auf das wärmste empfohlen werden. Er wird sehr bald ein unentbehrlicher, weil nie versagender Ratgeber werden, der die Berufsarbeit sehr erleichtern wird." Juristische Wochenschrift.

Sydow, R., **Busch,** L., und **Krieg,** O., **Die Deutsche Gebührenordnung für Rechtsanwälte,** das Gesetz, betreffend die Erstattung von Rechtsanwaltsgebühren in Armensachen, und die Preußische Landesgebührenordnung mit Erläuterungen. Auf der Grundlage der Sydow-Busch'schen Textausgabe mit Anmerkungen in dreizehnter Auflage unter Mitaufnahme des Gesetzes über die Erstattung in Armensachen neubearbeitet. Taschenformat 496 Seiten. 1929. (Guttentagsche Sammlung Deutscher Reichsgesetze Bd. 17.) . . . . Geb. RM. 9.—

„Die Erläuterung der Gebührenordnung bietet besonders Wertvolles. Sie steht schon lange unter den Anmerkungsausgaben mit an erster Stelle. Und das mit Recht."

Zeitschrift des Bundes Deutscher Justizamtmänner.

Sydow, R., **Busch,** L., und **Krieg,** O., **Deutsches Gerichtskostengesetz nebst Gebührenordnung** für Gerichtsvollzieher und für Zeugen und Sachverständige in den neuesten Fassungen. Auf der Grundlage der Sydow-Busch'schen Textausgabe mit Anmerkungen neubearbeitet in elfter Auflage. Taschenformat. XI, 433 Seiten. 1928. (Guttentagsche Sammlung Deutscher Reichsgesetze Bd. 15.) . . . . Geb. RM. 7.50

„Die neue Auflage bietet unter gründlicher Berücksichtigung der gesamten einschlägigen Rechtsprechung eine zeitgemäße, übersichtliche und erschöpfende Erläuterung des Gesetzes. Für den täglichen Gebrauch in der Praxis erscheint diese Textausgabe mit Anmerkungen als unentbehrlich."

Dr. Natter in der „Württembergischen Zeitschrift für Rechtspflege".

Lindemann, Otto, **Preußisches Gerichtskostengesetz** (neueste Fassung). Nach dem Tode des früheren Herausgebers P. Siméon erläutert. Achte, völlig umgearbeitete Auflage. Taschenformat. 439 Seiten. 1928. (Guttentagsche Sammlung Preußischer Gesetze Bd. 17.) Geb. RM. 8.—

„Die achte Auflage dieser bekannten Ausgabe des Preußischen Gerichtskostengesetzes ist entsprechend den bedeutsamen Änderungen der letzten Jahre völlig umgearbeitet. Die gesamte Rechtsprechung wurde eingehend berücksichtigt, so daß hier eine Erläuterung vorliegt, die Zuverlässigkeit und Vollständigkeit in sich verbindet."

Mitteilungen des Preußischen Richtervereins.

Freiwillige Gerichtsbarkeit

Jastrow, Hermann, und **Günther,** Hermann, **Die Gesetze des Reiches und Preußens über die freiwillige Gerichtsbarkeit.** Textausgabe mit Einleitung, Anmerkungen und Sachregister. Siebente, vermehrte Auflage. Taschenformat. 548 Seiten. 1928. (Guttentagsche Sammlung Deutscher Reichsgesetze Bd. 46.) . . . . Geb. RM. 9.—

„Die Anmerkungen unterrichten in zuverlässiger Weise über die wichtigste Rechtsprechung des Reichsgerichts und der deutschen Oberlandesgerichte auf dem Gebiete der freiwilligen Gerichtsbarkeit. Ein ausführliches Sachregister erhöht die Brauchbarkeit des bewährten Buches, das auch in der neuen Auflage seinen Zweck auf das beste erfüllen wird." Juristische Wochenschrift.

Die Gesetze des Reiches und Preußens über die freiwillige Gerichtsbarkeit. Textausgabe mit Sachregister. Taschenformat. 168 Seiten. 1930. (Guttentagsche Sammlung von Textausgaben ohne Anmerkungen mit Sachregister.) . . . . RM. 3.—

Das Buch enthält in der bekannten Art der Guttentagschen Gesetzesausgaben außer dem „Gesetz über die Angelegenheiten der freiwilligen Gerichtsbarkeit" alle in dieses Gebiet fallenden sonstigen Gesetze, Ausführungsbestimmungen, Abkommen, Verordnungen usw. in absolut zuverlässigem Abdruck und ein das Zurechtfinden sehr erleichterndes Sachregister.

Szkolny, Felix, und **Kober,** Leopold, **Das Notariatsrecht,** unter besonderer Berücksichtigung des materiellen Rechts und des Steuer- und Stempelrechts erläutert. Oktav. 236 Seiten. 1926. (Guttentagsche Sammlung Deutscher Reichsgesetze Bd. 163.) . . . . Geb. RM. 8.50

„Die Darlegung des materiellen Rechts, soweit es in der täglichen Anwendung den Notar hauptsächlich beschäftigt. Es wird die Beurkundung einzelner Rechtsgeschäfte und anderer Rechtsvorgänge behandelt. Die Ausführungen verwerten die neueste Lehre und Rechtsprechung eingehend, die Darstellung ist leicht faßlich und klar, einzelne Muster vervollkommnen das anschauliche Bild."
Zeitschrift des Deutschen Notarvereins.

Szkolny, Felix, **Die Belehrungspflicht des Notars.** Oktav. 52 Seiten. 1927. . . . . RM. 2.—

„Ein trotz seines geringen Umfanges sehr nützliches Buch, für das wir dem Verfasser Dank wissen müssen."
Zeitschrift des Deutschen Notarvereins.

Konkursordnung und Zwangsvollstreckung

Jaeger, Ernst, **Kommentar zur Konkursordnung** und den Einführungsgesetzen. Mit einem Anhang, enthaltend das Anfechtungsgesetz, die Vergleichsordnung, Auszüge aus den Kostengesetzen, Ausführungsgesetze und Geschäftsordnungen. Sechste und siebente, neubearbeitete Auflage. Lexikon-Oktav. Der Umfang des Gesamtwerkes umfaßt etwa 100 Bogen. Die Ausgabe erfolgt in Lieferungen.
Gesamtpreis etwa RM. 80.—
Erster Band: §§ 1—46. XXVIII, 828 Seiten. 1928—1931.
RM. 45.—, geb. RM. 54.—
(Der Kauf des ersten Bandes verpflichtet zum Bezug des ganzen Werkes.)

„. . . Kurz gesagt: das Buch ist das unübertreffliche Standardwerk, der Kommentar zur Konkursordnung." Deutsche Richterzeitung.

„Das Jaegersche Werk ist ohne Zweifel der beste von den mehreren guten Kommentaren zur Konkursordnung, die wir besitzen."
Zeitschrift für Deutschen Zivilprozeß.

Sydow, R., **Busch,** L., und **Krieg,** O., **Konkursordnung** und Anfechtungsgesetz mit Erläuterungen. Auf der Grundlage der Sydow-Buschschen Textausgabe mit Anmerkungen in fünfzehnter Auflage unter Mitaufnahme der Vergleichsordnung neubearbeitet. Taschenformat. 816 Seiten. 1929. (Guttentagsche Sammlung Deutscher Reichsgesetze Bd. 13.) . . . . Geb. RM. 12.—

„Die Erläuterungsbücher von Sydow-Busch sind als Kommentare mittleren Umfanges seit vielen Jahren in der Juristenwelt rühmlichst bekannt." Juristische Rundschau.

Fischer, K., und **Schäfer,** L., **Die Gesetzgebung, betr. die Zwangsvollstreckung in das unbewegliche Vermögen** im Reiche und in Preußen. Bearbeitet von J. Krech und O. Fischer. Zweite Auflage. Lexikon-Oktav. XVI, 728 Seiten. 1910 . . . RM. 15.—, geb. RM. 18.—

„Unter den zahlreichen Bearbeitungen des Zwangsvollstreckungsgesetzes ist der Kommentar von Fischer und Schäfer wohl der wissenschaftlich bedeutendste. Überall sind die Erläuterungen systematisch, manchmal geradezu lehrbuchartig aufgebaut, die leitenden Gedanken treten trotz der Fülle der behandelten Einzelfragen klar und deutlich hervor."

Zeitschrift für Rechtspflege in Bayern.

Krech, J., und Fischer, O., Die Gesetzgebung, betr. die Zwangsvollstreckung in das unbewegliche Vermögen im Reiche und in Preußen. Textausgabe mit Einleitung, Anmerkungen und Sachregister. Zehnte Auflage, bearbeitet von O. Fischer. Taschenformat. 266 Seiten. 1929. (Guttentagsche Sammlung Deutscher Reichsgesetze Bd. 43.) Geb. RM. 5.—

„Einer besonderen Empfehlung dieser handlichen Ausgabe, deren Hauptteil das Gesetz über die Zwangsversteigerung und Zwangsverwaltung bildet, bedarf es nicht. Gesetzgebung, Rechtsprechung und Rechtslehre sind bis zur Gegenwart berücksichtigt."

Sächsisches Archiv für Rechtspflege.

Kretzschmar, F., Die Zwangsversteigerung und die Zwangsverwaltung. 110 Seiten. 1911. (Sammlung Göschen Bd. 523.) . . Geb. RM. 1.80

Huyke, W., Offenbarungseid und Haft im Zivilprozeß. Taschenformat. 1930. (Guttentagsche Sammlung Deutscher Reichsgesetze, Bd. 177.) RM. 4.—

Dieser Band bietet eine ganz auf die Praxis zugeschnittene Erläuterung der das Offenbarungseidsverfahren betreffenden Paragraphen der ZPO. und gibt in einem allgemeinen Teil zuverlässig Auskunft über die sich auf diesem Gebiete ergebenden Streit- und Zweifelsfragen. Die Rechtsprechung der höheren Gerichte und die Literatur ist berücksichtigt worden.

V. Strafrecht und Strafprozeß

Strafgesetzbuch

Ebermayer, Ludwig, Lobe, Adolf und Rosenberg, Werner, Das Reichsstrafgesetzbuch, Leipziger Kommentar mit besonderer Berücksichtigung der Rechtsprechung des Reichsgerichts. Vierte, vermehrte und verbesserte Auflage. Lexikon-Oktav. X, 1282 Seiten. 1929. RM. 56.—, in Halbleder geb. RM. 63.—

„Zusammenfassend wird man sagen müssen, daß der Kommentar nun wohl endgültig an die Spitze der großen Kommentare zum StGB. getreten ist." *Zeitschrift für Rechtspflege in Bayern.*

Kohlrausch, Eduard, Strafgesetzbuch für das Deutsche Reich mit Nebengesetzen. Textausgabe mit Anmerkungen und Sachregister. Früher von Dr. Fr. v. Liszt u. Dr. E. Delaquis. Neunundzwanzigste Auflage. Taschenformat. X, 562, *48 Seiten. 1930. (Guttentagsche Sammlung Deutscher Reichsgesetze Bd. 2.) . . . Geb. RM. 8.—

„Ein Buch, an Hand dessen eine schnelle und zuverlässige Orientierung über die wichtigsten Auslegungsfragen möglich ist. Es dient in gleicher Weise dem Studierenden zur Einführung in eine Lektüre des Gesetzes wie dem Praktiker zur schnellen Auffindung einer Entscheidung."

Rechtsanwalt Dr. Max Alsberg in der „Juristischen Wochenschrift".

Liszt, Fr. v., Lehrbuch des deutschen Strafrechts. Fünfundzwanzigste, vollkommen durchgearbeitete und zum Teil umgestaltete Auflage, besorgt von Dr. E. Schmidt, Professor an der Universität Breslau. Groß-Oktav. XXXIV, 976 Seiten. 1927. RM. 27.50, geb. RM. 30.—

„Das Lisztsche Lehrbuch wird auch in dieser neuen Bearbeitung seinen ersten Platz und seinen Weltruf sich bewahren."

Zeitschrift des Deutschen Notarvereins.

Gerland, H. B., **Das deutsche Reichsstrafrecht.** Oktav. 600 Seiten. 1922. (Lehrbücher und Grundrisse der Rechtswissenschaft Bd. XVI.) RM. 10.—, geb. RM. 11.50

„Durch knappe, geradezu klassische Kürze zeigende Darstellung gelang es Gerland, auf engem Raume eine ungeheure Fülle des Stoffes zu bieten und auf jede Frage Antwort zu geben."

Juristische Wochenschrift.

Gerland, H., **Der Entwurf 1925.** Allgemeiner Teil. Kritische Bemerkungen. Oktav. 96 Seiten. 1925 . . . . RM. 5.—

„Eine außerordentlich interessante Abhandlung. Die Schrift stellt ein fast unentbehrliches Hilfsmittel für jeden dar, der sich mit den einschlägigen Fragen zu beschäftigen hat."

Mitteilungen des Preußischen Richtervereins.

Aschrott, P. F., u. **Kohlrausch,** Ed., **Reform des Strafrechts.** Kritische Besprechung des Amtlichen Entwurfs eines Allgemeinen Deutschen Strafgesetzbuchs. Auf Veranlassung der Deutschen Landesgruppe der Internationalen Kriminalistischen Vereinigung unter Mitwirkung erster Fachgenossen herausgegeben. Gr.-Oktav. V, 415 S. 1926. RM. 18.—

„Die gestellte Aufgabe ist glänzend gelöst. Kaum ein Punkt ist übersehen worden, der die Kritik herausfordert. — Niemand, der an der endgültigen Gestaltung unseres Strafrechts Anteil nimmt, darf an dieser Sammelkritik achtlos vorübergehen."

Geh. Hofrat Prof. Dr. v. Lilienthal in der „Deutschen Juristen-Zeitung".

Sammlung außerdeutscher Strafgesetzbücher in deutscher Übersetzung. Herausgegeben von den Schriftleitungen der Zeitschrift für die ges. Strafrechtswissenschaft u. d. Mitteilungen der Internationalen Kriminalistischen Vereinigung. Nr. 1—43. 1881—1914 . . Preise auf Anfrage.

Nr. 44:

Japanische Strafgesetze. I. Schwurgerichtsordnung vom 18. April 1923 und strafrechtliche Nebengesetze. Übersetzt von Hyoichiro Kusano, Reichsgerichtsrat in Tokio, Tadao Sugiura, Oberlandesgerichtsrat in Sapporo, und Dr. jur. Fritz Bartelt in Berlin. II. Strafvollzugsgesetz vom 28. März 1908 nebst Ausführungsverordnung vom 16. Juni 1908. Übersetzt von Dr. jur. Toshita Tokiwa, Gerichtsassessor in Tokio, und Dr. jur. Werner Gentz, Justizrat beim Strafvollzugsamt in Kiel. Groß-Oktav. 55 Seiten. 1927. RM. 3.—

Nr. 45:

Die Auslieferungsgesetze Norwegens, Schwedens und Finnlands. Mit einer systematischen Darstellung der Grundzüge des nordischen Auslieferungsrechts im Hinblick auf den Erlaß eines deutschen Auslieferungsgesetzes Von Dr. jur. Ernst Wolgast, Privatdozent in Königsberg i. Pr. Groß-Oktav. VIII, 487 Seiten. 1928. . . RM. 20.—

Nr. 46:

Das Türkische Strafgesetzbuch vom 1. März 1926. Gesetz Nr. 765. (Türkisches Gesetzblatt Nr. 320 vom 13. März 1926.) Das Ausführungsgesetz zum Türkischen Strafgesetzbuch vom 26. April 1926. Deutsche Übersetzung von Dr. K. Ziemke. Groß-Oktav. 138 Seiten. 1927 . . . . RM. 5.—

Nr. 47:

Entwurf eines griechischen Strafgesetzbuches. Übersetzt und eingeleitet von Demetrius G. Venturas, Rechtsanwalt in Korfu, Griechenland. Groß-Oktav. 123 Seiten. 1928 . . . . RM. 7.—

Nr. 48:

Italienischer Vorentwurf zu einem neuen Strafgesetzbuch. (Progetto di un nuovo codice penale.) In deutscher Übersetzung von Dr. K. Bunge, Landgerichtsrat in Berlin. Groß-Oktav. XXXII, 244 Seiten. 1928 . . . . RM. 10.—

Nr. 49:
Strafgesetzbuch (Ugolownyj Kodex) **der Russischen Sozialistischen Föderativen Sowjet-Republik** (R.S.F.S.R.) vom 22. November 1926, übersetzt von Dr. Wilhelm Gallas, Gerichtsassessor in Berlin. Groß-Oktav. 68 Seiten. 1930 . . . . RM. 4.—

Lindemann, Otto, **Sammlung der wichtigsten preußischen Strafgesetze.** Zweite Auflage. Taschenformat. 372 Seiten. 1912. (Guttentagsche Sammlung Preußischer Gesetze Bd. 34.) . . . . . . Geb. RM. 3.50

„Die durch mehrere wichtige Gesetze erweiterte zweite Auflage dieses unentbehrlichen Ergänzungsbandes zu den in Einzelausgaben erschienenen Preußischen Gesetzen ist durch die Wiedergabe der noch geltenden vereinzelten alten Strafvorschriften nebst trefflich unterrichtenden Vorbemerkungen und Erläuterungen besonders wertvoll. Nur mittels einer solchen ausgezeichneten Sammlung ist es möglich, auch die zerstreuten Gebiete des Strafrechts völlig zu beherrschen."
Deutsche Juristen-Zeitung.

Fraustädter, Werner, **Deutsches Auslieferungsgesetz** vom 23. Dezember 1929 und andere neuere Vorschriften der Rechtshilfe in Strafsachen, einschließlich der Auslieferung. Textausgabe mit Einleitung, Erläuterungen und Sachregister. Taschenformat. 143 Seiten. 1930. (Guttentagsche Sammlung Deutscher Reichsgesetze Bd. 86.) . Geb. RM. 4.—

Das Auslieferungsgesetz hat durch die Neufassung vom 25. 12. 1929 eine starke Umgestaltung erfahren, die zur Hearusgabe der vorliegenden Neubearbeitung geführt hat. Diese enthält eine ausführliche Erläuterung der neuen Bestimmungen sowie einen Abdruck der wichtigsten Verträge und Vorschriften und ermöglicht einen vollständigen Überblick über den gegenwärtigen Stand des deutschen Auslieferungsrechtes.

Lindemann, Otto, **Polizeiverordnungen in Preußen.** Zweite Auflage. Taschenformat. 189 Seiten. 1912. (Guttentagsche Sammlung Preußischer Gesetze Bd. 36.) . . . . Geb. RM. 2.50

Abhandlungen des Kriminalistischen Instituts an der Universität Berlin. Herausgegeben von Dr. **Franz von Liszt,** o. Professor der Rechte. Sonderverzeichnis kostenlos. Vierte Folge. I. Band.

Heft 1:
Dannenberg, Herbert, **Liberalismus und Strafrecht im 19. Jahrhundert unter Zugrundelegung der Lehren Karl Georg von Waechters.** Oktav. IV, 66 Seiten. 1925 . . . . RM. 3.—

Heft 2:
Tarnowski, Hans, **Die systematische Bedeutung der adäquaten Kausalitätstheorie für den Aufbau des Verbrechensbegriffs.** Oktav. X, 340 Seiten. 1927 . . . . RM. 18.—

Heft 3:
Ehrlich, Lore, **Der Verrat von Betriebsgeheimnissen nach englischem und nordamerikanischem Recht.** Oktav. VIII, 75 Seiten. 1930.
RM. 4.—

Heindl, Robert, **System und Praxis der Daktyloskopie** und der sonstigen technischen Methoden der Kriminalpolizei. Dritte, neubearbeitete und vermehrte Auflage. 900 Abbildungen im Text und 21 Bildertafeln. 780 Seiten. Groß-Oktav. 1927 . . . . RM. 36.—, geb. RM. 40.—

„Ein Werk, mit dem wohl für geraume Zeit die Literatur dieses Gebiets ihren krönenden Abschluß gefunden haben dürfte. — Es darf erwartet werden, daß jeder Richter, Rechtsanwalt und Verteidiger sich dieses vorzüglichen Werkes bedient." *Deutsche Juristenzeitung.*

Kleine kriminalistische Bücherei.

Band 1:
Schneickert, Hans, **Die strafrechtlichen Aufgaben der Polizei.** Für den Polizeiunterricht und die Polizeipraxis. Taschenformat. 182 Seiten. 1921.
RM. 2.—

Band 2:
Philipp, Lothar, **Beobachtungs- und Ermittlungspraxis im Polizei- und Detektivdienst.** Taschenformat. 180 Seiten. 1923 . . . RM. 2.—

„Alles in allem: ein Buch, für den Fachmann lesenswert, für den Anfänger ein guter Leitfaden, für den Laien interessant."
Zeitschrift für gerichtliche Schriftvergleichung.

Band 3:
Manteuffel, H. v., **Falschspieler.** Formen und Technik des Spielbetruges, nebst einem Anhange: Der Spielprofessor und sein angeblich sicheres System beim Spiele gegen eine öffentliche Roulettebank. Taschenformat 90 Seiten. 1923 . . . . RM. 2.—

Gerade heutzutage, wo die Spielleidenschaft so weite Kreise zieht, ist es von besonderem Reiz, diese klare, flüssige und lehrreiche Darstellung zu verfolgen.

Band 4:
Schneickert, Hans, **Kriminalistische Spurensicherung.** Sammlung dienstlicher Anweisungen und sachverständiger Ratschläge für den Dienstgebrauch und für Polizeischulen. Zweite, vermehrte und verbesserte Auflage. Taschenformat. 96 Seiten. Mit 2 Abbildungen. 1925. Geb. RM. 3.—

„Alle Einzelheiten werden hervorgehoben und als möglicherweise wichtige Beweismomente in einem vielarmigen System zusammengefaßt. In der Durchführung seiner Aufgabe hat der Verfasser tatsächlich alles berücksichtigt, was für das Beweisverfahren von Bedeutung ist und sein könnte." *Archiv für Kriminologie.*

Band 5:
Rehfeld, P., **Gerichtsärztliche Tatbestandsfeststellungen** im Dienste der Polizei. Ein Leitfaden für Polizei- und Kriminalbeamte. Taschenformat. 133 Seiten. 1927 . . . . Geb. RM. 3.50

„Die Bearbeitung gibt eine geschlossene, einheitliche Behandlung des Stoffgebietes durch einen Arzt, wie sie anderweitig in der kriminalistischen Literatur nicht vorhanden ist." *Deutsches Polizeiarchiv.*

Strafprozeßordnung

Kohlrausch, Eduard, **Strafprozeßordnung** und Gerichtsverfassungsgesetz. Textausgabe mit Einleitung, Anmerkungen und Nebengesetzen. In Verbindung mit Dr. Hermann Mannheim, Landgerichtsrat und Professor in Berlin, bearbeitet von Dr. Eduard Kohlrausch, Professor der Rechte in Berlin. Zweiundzwanzigste Auflage (101. bis 104. Tausend). Taschenformat. XI, 510 Seiten. 1930. (Guttentagsche Sammlung Deutscher Reichsgesetze Bd. 12.) RM. 7.50

„Das Buch ist nicht nur für den Praktiker, der sich rasch unterrichten will, sondern auch für den Studierenden, zumal wenn ihm die wirtschaftlichen Verhältnisse die Anschaffung umfangreicher Kommentare nicht ermöglichen, von größtem Wert."
Oberreichsanwalt Dr. Ebermayer in der „Juristischen Wochenschrift".

Feisenberger, Albert, **Strafprozeßordnung und Gerichtsverfassungsgesetz.** Handkommentar. Groß-Oktav. IX, 517 Seiten. 1926. Mit Nachtrag. 1927. (de Gruytersche Sammlung Deutscher Gesetze. Handkommentare.) . . . . Geb. RM. 17.—

„Eine glänzende Arbeit, die bald in der Hand jedes Strafrichters und Rechtsanwalts sein wird. Geradezu vorbildlich ist der Handkommentar für den Umfang der Heranziehung der Rechtsprechung. Alles Wesentliche ist berücksichtigt." *Danziger Juristische Monatsschrift.*

Beling, E., **Deutsches Reichsstrafprozeßrecht** mit Einschluß des Strafgerichtsverfassungsrechts. Oktav. XIV, 568 Seiten. 1928. (Lehrbücher und Grundrisse der Rechtswissenschaft Bd. XVII.)
RM. 15, geb. RM. 16.50

Die Eigenart des vorliegenden Lehrbuches des Reichsstrafprozeßrechts ist, daß es dem Verständnis der Gesetzestexte vorarbeiten und zu ihnen hinführen will. Gerade das, was nicht im Gesetz steht, ist die Hauptsache; die Gesetzesparagraphen sind Ziel, nicht Ausgangspunkt. Insbesondere aber stellt der Verfasser die Regelungsinhalte des geltenden Rechts in die heutige rechtspolitische Gedankenwelt hinein und gibt ein auch äußerlich scharf hervortretendes System, das den Lernenden befähigt, die Fülle der Einzelheiten unter allgemeinen Ordnungsgesichtspunkten zusammenzusetzen.

Rosenfeld, E. H., **Deutsches Strafprozeßrecht.** 2 Bände. 128 und 148 Seiten. 1926. (Sammlung Göschen Bd. 938/939.) Geb. je RM. 1.80

„Eine wissenschaftlich hochstehende, auf einem knappen Raum zusammengedrängte, klar und originell geschriebene Einführung in den deutschen Strafprozeß.“ Schweizer. Zeitschrift für Strafrecht.

Löwe, F., und **Rosenberg,** Werner, **Die Strafprozeßordnung für das Deutsche Reich** vom 22. März 1924 nebst dem Gerichtsverfassungsgesetz. Kommentar. Achtzehnte, neubearbeitete Auflage. Lexikon-Oktav. 1332 Seiten. 1929 . . . . . RM. 44.—, in Halbleder geb. RM. 50.—

„Der Löwesche Kommentar hat sich in Wissenschaft und Rechtsprechung eine so hervorragende Stellung erworben, daß er zum unentbehrlichen Ratgeber für Theoretiker und Praktiker geworden ist. Der Kommentar steht nach wie vor an erster Stelle und ist ein Meisterwerk in der Kunst einer klaren, übersichtlichen und erschöpfenden Darstellung dieses außerordentlich spröden Stoffes.“ Zeitschrift des deutschen Notarvereins.

Feisenberger, Albert, **Strafprozeßordnung und Gerichtsverfassungsgesetz,** in alter und neuer Fassung synoptisch gegenübergestellt. Mit ausführlichem Sachregister. Taschenformat. 265 Seiten. 1924. Mit Nachtrag. 1927. (Guttentagsche Sammlung Deutscher Reichsgesetze Bd. 158.) . . . . Geb. RM. 4.50

„Die Ausgabe ist für die Praxis auf längere Zeit unentbehrlich. Die synoptische Darstellung erleichtert die Arbeit und schützt vor Gedächtnisfehlern.“ Juristische Wochenschrift.

Aschrott, P. F., **Die Reform des Strafprozesses.** Kritische Besprechungen der von der Kommission für die Reform des Strafprozesses gemachten Vorschläge. Auf Veranlassung der Internationalen Kriminalistischen Vereinigung, Gruppe Deutsches Reich. Groß-Oktav. XII, 120 und 784 Seiten. 1906 . . . . RM. 12.—

Beiträge zur Reform des Strafprozesses. Herausgegeben von Dr. Franz **Adickes,** Dr. P. F. **Aschrott,** Dr. K. **von Lilienthal,** Dr. Fr. **von Liszt.** 2 Bände. Groß-Oktav. I. Bd. Heft 1—6. 1908. RM. 9.70. — II. Bd. Heft 1—5. 1909. RM. 15.10.

Frede, L., u. **Grünhut,** M., **Reform des Strafvollzugs.** Kritische Beiträge zu dem Amtlichen Entwurf eines Strafvollzugsgesetzes. Oktav. VII, 264 Seiten. 1927 . . . . RM. 10.—

Die in dem vorliegenden Buch zusammengefaßten Beiträge üben nicht nur eine Einzelkritik an den Bestimmungen des Entwurfs, sondern dienen zugleich unter dem Gesichtspunkt der gegenwärtigen gesetzgeberischen Aufgabe der wissenschaftlichen Grundlegung des ganzen Strafvollzugsproblems.

VI. Öffentliches Recht.

1. Staats- und Völkerrecht.

Fischbach, O. G., **Allgemeine Staatslehre.** Zweite Auflage. 136 Seiten. 1928. (Sammlung Göschen Bd. 358.) . . . . . Geb. RM. 1.80

„Das Buch darf einer breiten Öffentlichkeit als ausgezeichnete Einführung, den Fachgenossen aber, jung und alt, als Musterbeispiel

wissenschaftlichen Bemühens um die denkbar beste Leistung anempfohlen werden, wie man ihm heute nicht allzu häufig mehr begegnet."
Reichsverwaltungsblatt.

Fischbach, O. G., Allgemeines Staatsrecht.
I. Teil. 139 Seiten. 1923. (Sammlung Göschen, Bd. 415.) Geb. RM. 1.80
II. Teil. 151 Seiten. 1923. (Sammlung Göschen Bd. 416.) Geb. RM. 1.80

Diese Bearbeitung bringt nicht bloß einen leicht faßlichen gemeinverständlichen Überblick über alle Zweige des Staatsrechtes, sondern auch in den einzelnen Partien viele gründliche wissenschaftliche Erörterungen der einschlagenden Probleme und kritischen Beleuchtung der verschiedenen Rechtsansichten.

Stier-Somlo, Fritz, **Deutsches Reichs- und Landesstaatsrecht I.** Oktav. XVI, 726 Seiten. 1924. (Lehrbücher und Grundrisse der Rechtswissenschaft Bd. XVIII.) . . . . RM. 16.50, geb. RM. 18.—

„. . . Von den zurzeit vorhandenen größeren Lehrbüchern des Reichsstaatsrechts das geeignetste." *Juristische Wochenschrift.*

Stier-Somlo, Fritz, **Reichsstaatsrecht.** I. Grundbegriffe des Staatsrechts. Verfassungsgeschichte vom Ende des 18. Jahrhunderts bis zur Reichsverfassung vom 11. August 1919. 108 Seiten. 1927. (Sammlung Göschen Bd. 967.) . . . . Geb. RM. 1.80
II. Das geltende Reichsstaatsrecht. 114 Seiten. 1927. (Sammlung Göschen Bd. 968.) . . . . Geb. RM. 1.80

Stier-Somlo, Fritz, **Preußisches Staatsrecht.** Zweite Auflage. 136 Seiten. 1927. (Sammlung Göschen Bd. 298.) . . . . Geb. RM. 1.80

„Die drei schmalen Bändchen werden nicht allein als wünschenswertes Orientierungsmittel für den Laien und den angehenden Juristen zu begrüßen sein, sondern auch dem im praktischen Berufsleben stehenden Juristen Anregung und Belehrung bieten."
Juristische Wochenschrift.

Die Verfassung des Deutschen Reichs vom 11. August 1919 **mit den wichtigsten Nebengesetzen.** Textausgabe mit Einleitung und Sachregister. Dritte Auflage. Taschenformat. 104 Seiten. 1931. (Guttentagsche Sammlung von Textausgaben ohne Anmerkungen mit Sachregister.) . . . . RM. 1.—

Die handliche Ausgabe enthält den genauen Gesetzestext mit einem das Zurechtfinden sehr erleichternden Sachregister. Soweit der Text nach der Veröffentlichung vom 14. August 1919 Änderungen oder Ergänzungen erfahren hat, ist dies berücksichtigt worden. Die Ausgabe entspricht dem letzten Stand.

Anschließend an den Text der Reichsverfassung sind einige besonders wichtige Nebengesetze abgedruckt.

Arndt, Adolf, **Die Verfassung des Deutschen Reiches.** Dritte Auflage. Taschenformat. 1927. (Guttentagsche Sammlung Deutscher Reichsgesetze Bd. 137.) . . . . RM. 8.—

„Für alle, die sich auf dem schwierigen Gebiet der Reichverfassung orientieren wollen, liegt hier ein vorzügliches Nachschlagewerk von gediegener Wissenschaftlichkeit vor."
Staats- und Selbstverwaltung.

Stier-Somlo, Fritz, **Kommentar zur Verfassung des Freistaates Preußen.** Groß-Oktav. 319 Seiten. 1921 . . . . Geb. RM. 3.—

„Die Darstellung ist flüssig und knapp und ist als treffliche Orientierung über das neue Verfassungswerk, eine Orientierung, die ihre notwendige Ergänzung in dem vorzüglichen Kommentar Stier-Somlos findet, sehr zu empfehlen." *Zeitschrift für öffentliches Recht.*

Arndt, Adolf, **Die Verfassung des Freistaats Preußen** vom 30. November 1920. Mit Einleitung, vollständigem Kommentar, Landeswahlgesetz und Sachregister. Taschenformat. 158 Seiten. 1921. (Guttentagsche Sammlung Preußischer Gesetze Bd. 1.)

Geb. RM. 2.—

„Die Einleitung ist eine vortreffliche staatsrechtliche Abhandlung, die unter Berücksichtigung und Verwertung der einschlägigen Literatur in die Entstehungsgeschichte und in die Bedeutung der Verfassungsurkunde einführt. Der Kommentar wird denjenigen, die sich mit den einzelnen Bestimmungen der Verfassung vertraut machen wollen, ein willkommener Ratgeber sein."

Zeitschrift für Polizei- und Verwaltungsbeamte.

Veröffentlichungen der Vereinigung deutscher Staatsrechtslehrer.

Heft 1: Der deutsche Föderalismus. Oktav. 1924 . . . RM. 5.—

Heft 2: Der Schutz des öffentlichen Rechts. Oktav. 1925. RM. 12.—

Heft 3: Die Gleichheit vor dem Gesetz. Der Einfluß des Steuerrechts auf die Begriffsbildung des öffentlichen Rechts. Oktav. 1927. RM. 7.—

Heft 4: Das Recht der freien Meinungsäußerung. — Der Begriff des Gesetzes in der Reichsverfassung. Oktav. 1928 . . . . . RM. 10.—

Heft 5: Wesen und Entwicklung der Staatsgerichtsbarkeit. — Überprüfung von Verwaltungsakten durch die ordentlichen Gerichte. Oktav. 1929 . . . . RM. 12.—

Heft 6: Bundesstaatliche und gliedstaatliche Rechtsordnung. Verwaltungsrecht der öffentlichen Anstalt. Berichte von Fritz Fleiner, Josef Lukas, Lutz Richter und Arnold Köttgen. Verhandlungen der Tagung der deutschen Staatsrechtslehrer zu Frankfurt a. M. am 25. und 26. April 1929. Mit einem Auszug aus der Aussprache. Oktav. IV, 166 Seiten. 1929 . . . . RM. 9.—

Sehling, Emil, **Kirchenrecht.** Zweite Auflage.

I. Teil. Einleitung. Quellen, Verfassung und Verwaltung der katholischen Kirche. Anhang: Die griechisch-orthodoxe Kirche. 119 Seiten. 1922. (Sammlung Göschen Bd. 377.) . . . . Geb. RM. 1.80

II. Teil: Das evangelische Kirchenrecht. Die Stellung des Staates zur Kirche und das Verhältnis der Religionsgesellschaften zueinander. 87 Seiten. 1927. (Sammlung Göschen Bd. 954.) . . . Geb. RM. 1.80

Edler v. Hoffmann, H., **Deutsches Kolonialrecht.** 150 Seiten. 1907. (Sammlung Göschen Bd. 318.) . . . . Geb. RM. 1.80

Delius, H., **Die Beamtenhaftpflichtgesetze** des Reiches und der Länder. Vierte, vermehrte und vollkommen neubearbeitete Auflage. Taschenformat. 384 Seiten. 1929. (Guttentagsche Sammlung Deutscher Reichsgesetze Bd. 94.) . . . . Geb. RM. 10.—

Wörterbuch des Völkerrechts und der Diplomatie. Begonnen von Professor Dr. Julius **Hatschek** †. Fortgesetzt und herausgegeben von Dr. Karl **Strupp,** Professor an der Universität Frankfurt a. M., Associé de l'institut de droit international, membre de l'Academie Diplomatique Internationale. Lexikon-Oktav.

Band I: Aachen—Lynchfall. VI, 860 Seiten. 1924.
RM. 35.—, in Halbleder geb. RM. 40.—

Band II: Maas—Utschiali. 779 Seiten. 1925.
RM. 35.—, in Halbleder geb. RM. 40.—

Band III (Schluß): Vasallenstaaten—Zwangsverschickung. Ferner Anhang: Abessinien—Weltgerichtshof; Sachverzeichnis und Mitarbeiterregister. II, 1316 Seiten. 1929.
RM. 62.—, in Halbleder geb. RM. 67.—

„Der Vorsprung, den entsprechende Werke in französischem Sprachgewande bisher hatten, ist nunmehr in Deutschland eingeholt. Die Form der alphabetischen Zergliederung des Stoffes ermöglicht eine

breitere Behandlung der Einzelfälle, die im internationalen Rechtsleben nicht selten von größerer Bedeutung als vorzeitig aufgestellte Abstraktionen sind." *Zeitschrift für Völkerrecht.*

Anzilotti, D., **Lehrbuch des Völkerrechts.** Übersetzt und herausgegeben vom Institut für ausländisches öffentliches Recht und Völkerrecht, Berlin. I. Band. Groß-Oktav. 444 Seiten. 1929. RM. 19.—, geb. RM. 20.—

Mit der Herausgabe der Übersetzung dieses Lehrbuches des berühmten Völkerrechtlers ist das Institut für ausländisches öffentliches Recht und Völkerrecht einem in Deutschland außerordentlich fühlbaren Bedürfnis entgegengekommen. Das Buch ist nicht schlechthin eine Übersetzung der italienischen Originalausgabe, sondern berücksichtigt auch die gesamte Rechtsprechung und Literatur der letzten Zeit und stellt somit das zurzeit modernste Lehrbuch des Völkerrechts überhaupt dar.

Niemeyer, Theodor, **Völkerrecht.** 168 Seiten. 1925. (Sammlung Göschen Bd. 865.) . . . . Geb. RM. 1.80

Dieses Bändchen gibt in gedrängter Form eine vollständige Übersicht über das Völkerrecht.

Beiträge zum ausländischen öffentlichen Recht und Völkerrecht. Herausgegeben im Auftrage des Instituts für ausländisches öffentliches Recht und Völkerrecht in Berlin in Gemeinschaft mit Friedrich Glum, Ludwig Kaas, Rudolf Smend, Heinrich Triepel von Viktor **Bruns.** Groß-Oktav.

Eine Sammlung einschlägiger wissenschaftlicher Abhandlungen, Materialsammlungen, Übersetzungen besonders wertvoller ausländischer Werke u. a.

Heft 1:

Triepel, H., **Staatsrecht und Politik.** Rede beim Antritt des Rektorats der Friedrich-Wilhelms-Universität zu Berlin am 15. Oktober 1926. 40 Seiten. 1927 . . . . RM. 2.—

Heft 2:

Schmitt, Carl, **Volksentscheid und Volksbegehren.** Ein Beitrag zur Auslegung der Weimarer Verfassung und zur Lehre von der unmittelbaren Demokratie. 54 Seiten. 1927 . . . . RM. 2.60

Heft 3:

Heck, K., **Der Aufbau des britischen Reiches.** (Der Verhandlungsbericht der Reichskonferenz von 1926.) 152 Seiten. 1927. RM. 6.—

Heft 4:

Heller, H., **Die Souveränität.** Ein Beitrag zur Theorie des Staats- und Völkerrechts. 177 Seiten. 1927. . . . . RM. 8.50

Heft 5:

Grentrup, Theodor, **Die Missionsfreiheit** nach den Bestimmungen des geltenden Völkerrechts. 112 Seiten. 1928 . . . . RM. 5.50

Heft 6:

Robinson, Jakob, **Das Minoritätenproblem** und seine Literatur. Kritische Einführung in die Quellen und die Literatur der europäischen Nationalitätenfrage der Nachkriegszeit, unter besonderer Berücksichtigung des völkerrechtlichen Minderheitenschutzes.
Allgemeiner Teil. 265 Seiten. 1928 . . . . RM. 9.—

Heft 7:

Bilfinger, Karl, **Der Reichssparkommissar.** 68 Seiten. 1928. RM. 3.60

Heft 8:

Bumiller, J. M., **Die völkerrechtliche Stellung der fremden Truppen im Saargebiet.** 156 Seiten. 1928 . . . . RM. 9.—

Heft 9:

Das Recht des Ausnahmezustands im Auslande (Frankreich, Belgien, Niederlande, Italien, England, Irland). 296 Seiten. 1928. RM. 14.—

Heft 10:

Gerland, B., Die Beziehungen zwischen dem Parlament und den Gerichten in England. Eine rechtsvergleichende Studie. 137 Seiten. 1928. RM. 8.—

Heft 11:

Leibholz, Gerhard, **Zu den Problemen des fascistischen Verfassungsrechts.** Akademische Antrittsvorlesung. 112 Seiten. 1928. RM. 5.—

Heft 12:

Glum, Friedrich, **Der deutsche und der französische Reichswirtschaftsrat.** Ein Beitrag zu dem Problem der Repräsentation der Wirtschaft im Staat. 188 Seiten. 1929 . . . . RM. 9.—

Heft 13:

Leibholz, Gerhard, **Das Wesen der Repräsentation** unter besonderer Berücksichtigung des Repräsentativsystems. Ein Beitrag zur allgemeinen Staats- und Verfassungslehre. Groß-Oktav. 214 Seiten. 1929. RM. 14.—

Heft 14:

Schenk, v. Stauffenberg, G., **Das Recht der russischen Handelsvertretungen.** Oktav. 95 Seiten. 1930 . . . . RM. 6.—

Heft 15:

Mornik, Stanislaus, **Polens Kampf gegen seine nichtpolnischen Volksgruppen.** Mit 6 Karten. Oktav. 150 Seiten. 1931 . . . . RM. 9.—

Heft 16:

Menzel, Kurt, **Das deutsche Vorkriegs-Vermögen in Rußland und der deutsche Entschädigungsvorbehalt.** Eine Übersicht, zugleich über die Entschädigungsbemühungen der anderen Staaten. Oktav. IV, 236 Seiten. 1931 . . . . RM. 9.—

Kraus, H., **Internationale Schiedssprechung.** Eine Sammlung der für das Deutsche Reich verbindlichen Verträge und Vertragsbestimmungen, die sich auf internationale Gerichtsbarkeit, Schiedsgerichtsbarkeit, sowie Vergleichsverfahren beziehen, nebst den dazugehörigen deutschen Regierungsdenkschriften. Taschenformat. XXXVI, 348 Seiten. 1929. (Guttentagsche Sammlung Deutscher Reichsgesetze Bd. 174.) . . . . Geb. RM. 10.—

„Die vorliegende Dokumentensammlung füllt eine Lücke aus, da es bisher schwer war, alle schiedsrichterlichen Verpflichtungen des Deutschen Reiches auf einmal einzusehen.“ Friedenswarte.

Strupp, Karl, **Das Werk von Locarno.** Eine völkerrechtlich-politische Studie. Oktav. 180 Seiten. 1926 . . . . RM. 10.—

„Die lückenlose Mitteilung aller für das Verständnis und die Auslegung wichtiger Urkunden macht das aktuelle Buch zu einem außerordentlich wertvollen Mittel der Erkenntnis des Inhalts und der Tragweite dieser grundlegenden Staatsverträge.“ D. A. Z.

Sering, Max, **Deutschland unter dem Dawes-Plan.** Entstehung, Rechtsgrundlagen, wirtschaftliche Wirkungen der Reparationslasten. Oktav. VIII, 237 Seiten. 1928 . . . . RM. 10.—

„Nicht nur dem Juristen und Volkswirtschaftler, sondern auch dem Laien verständlich, gibt das Werk einem jeden wertvollen Einblick in Deutschlands wirtschaftspolitische Abhängigkeit, die sich bis in die kleinsten Betriebe hineinzieht, die jedes einzelne Glied des deutschen Volkes betrifft.“ Prakt. Rundschau.

2. Verwaltungsrecht.

Reichsrecht

Bühler, O., Verwaltungsgesetze des Reiches und Preußens. Taschenformat. XI, 682 Seiten. 1930 . . . . Geb. RM. 11.—
(Lehrausgaben Deutscher Gesetze, Bd. III.)

Außer den preußischen Verwaltungsgesetzen bringt der vorliegende Band als erster auch die immer wichtiger werdenden Verwaltungsgesetze des Reichs. Durch Weglassung aller für den Unterricht überflüssigen Gesetze, Weglassung auch unwichtiger Bestimmungen in den oft sehr weitschweifigen Verwaltungsgesetzen (wobei aber der Inhalt weggelassener Bestimmungen jeweils kurz angedeutet ist) ist es ermöglicht worden, auch hier einen Band erstehen zu lassen, der nicht schon durch seinen Umfang abschreckt.

Blume, E., und **Weirauch, W., Die Eisenbahn-Verkehrsordnung** vom 16. Mai 1928 mit Allgemeinen Ausführungsbestimmungen sowie dem Internationalen Übereinkommen über den Eisenbahnfrachtverkehr vom 30. Mai 1925 und dem Internationalen Übereinkommen über den Eisenbahn-Personen- und Gepäckverkehr vom 12. Juni 1925. Textausgabe mit Anmerkungen. Vierte Auflage. Taschenformat. X, 482 Seiten. 1928. (Guttentagsche Sammlung Deutscher Reichsgesetze Bd. 91.)
Geb. RM. 9.—

„Ein treffliches Hilfsbuch für alle, die sich mit dem Eisenbahnverkehrsrecht theoretisch und praktisch zu beschäftigen haben. Der Kommentar wird besonders auch den Gerichten und den Anwälten gute Dienste leisten, da die Ausführungsbestimmungen zur Eisenbahnverkehrsordnung, die vollständig abgedruckt werden, sonst nur in den Tarifen veröffentlicht werden, die in den Kreisen der Juristen weniger bekannt sind. Allen, die es angeht, kann daher die Anschaffung der neuen Auflage dringend empfohlen werden."
Juristische Wochenschrift.

Fischbach, O. G., Das Reichsbeamtengesetz vom 31. März 1873 in der Fassung der Bekanntmachung vom 18. Mai 1907 mit allen Abänderungen und Ergänzungen. Taschenformat. 311 Seiten. 1930. (Guttentagsche Sammlung Deutscher Reichsgesetze, Bd. 82.) Geb. RM. 6.—

Die vorliegende Erläuterung des Beamtengesetzes durch den bekannten Staatsrechtlehrer kommt einem besonderen Bedürfnis der Praxis entgegen, die s. Zt. eine den neuesten Fortschritten der Wissenschaft und Rechtsprechung entsprechende Handausgabe sehr entbehrt. Bemerkenswert ist, daß auch verwandte Gesetze und Verordnungen der einheitlichen Erläuterung unterzogen wurden, so daß dieses Buch für die Praxis ein der Sache wie der Erläuterungsart wichtiges Hilfsmittel darstellt.

Fischer, D., und **Staedler, E., Die deutsche Post- und Telegraphengesetzgebung.** Teil I: Postrecht (mit Ausschluß des internationalen Rechts). Siebente Auflage. 47*, 586 Seiten. 1929. (Guttentagsche Sammlung Deutscher Reichsgesetze Bd. 7.) . . . . Geb. RM. 15.—

„Die Texte sind mit großer Sorgfalt und mit dem Streben nach einschlägiger Vollständigkeit zusammengestellt. Eine Verbesserung gegenüber den früheren Auflagen bedeutet der der Sammlung neu vorangestellte systematische Abriß des geltenden Postrechts."
Württembergische Industrie.

Teil II: **Telegraphen- und Fernsprechrecht** (mit Ausschluß des internationalen Rechts). Taschenformat. 495 Seiten. 1930. (Guttentagsche Sammlung Deutscher Reichsgesetze Band 7a.) . . RM. 13.—

Wie im ersten Teil, so werden auch hier die Erläuterungen unter die folgenden Gesichtspunkte gestellt: 1. die wechselseitige juristi-

sche und tatsächliche Berührung zwischen den sehr zersplitterten Rechtsquellen. 2. die rechtsgeschichtlichen Zusammenhänge, die zur kritischen Beurteilung des Gegenstandes unerläßlich sind. 3. die öffentlich-rechtliche Eigenschaft des gesamten Rechtsstoffes. Rechtsprechung und Literatur sind bis in die letzte Zeit berücksichtigt.

Sebba, Julius, **Seewasserstraßenordnung.** (Polizeiverordnung zur Regelung des Verkehrs auf den deutschen Seewasserstraßen vom 31. März 1927.) Taschenformat. 493 Seiten. 1928. (Guttentagsche Sammlung Deutscher Reichsgesetze Bd. 171.) . . . . Geb. RM. 8.50

„Es bedarf hierbei wohl nicht der besonderen Hervorhebung, daß die Kommentierungsmethode des rühmlichst bekannten Neu-Herausgebers von Schaps-Seerecht auch in dem vorliegenden Werke eine knappe und doch gründliche geworden ist."

Verkehrsrechtliche Praxis.

Busse, Rudolf, **Luftrecht einschließlich Luftverkehrsgesetz und Pariser Luftverkehrsabkommen.** Taschenformat. XVIII, 448 Seiten. 1928. (Guttentagsche Sammlung Deutscher Reichsgesetze Bd. 170.)

Geb. RM. 10.—

Das vorliegende Buch sucht in einem nationalen und internationalen Teil einen klaren Überblick über das gesamte Luftrecht zu geben; der neueste Stand der Rechtsprechung ist hierbei berücksichtigt. Den erläuterten Gesetzesabkommenstexten ist eine systematische Einführung in das gesamte Luftrecht mit seinen vielseitigen Rechtsdisziplinen vorausgeschickt.

Volkmann, Kurt, **Die Straßenverkehrsordnungen** nebst den einschlägigen Nebenbestimmungen. Taschenformat. 312 Seiten. 1929. (Guttentagsche Sammlung Deutscher Reichsgesetze Bd. 175.) . . . Geb. RM. 7.—

„Das übersichtliche Werkchen, das uns eine schnelle Information über auftauchende Rechtsfragen auf diesem besonderen Verkehrgebiete verschafft, kann Polizeibeamten, Gerichten, Anwälten, Fuhrwerksbesitzern, Kraftfahrern und Radfahrern zur Anschaffung empfohlen werden."

Verkehrsrechtl. Rundschau.

Holzapfel, W., **Die Siedlungsgesetzgebung** im Reich und in Preußen. 347 Seiten. 1920. (Guttentagsche Sammlung Deutscher Reichsgesetze Bd. 140.) . . . . Geb. RM. 3.—

„Die zur Ausführung jener Gesetze bestimmten Behörden und auch die literarische Forschung wird dem Verfasser für seine mühevolle Arbeit Anerkennung zollen." *Archiv für öffentliches Recht.*

Behrend, Ernst, und **Stranz-Hurwitz,** Helene, **Sammlung von Wohlfahrtsgesetzen** des Deutschen Reichs und Preußens nebst den allgemeinen Wohlfahrtsgesetzen von Sachsen, Thüringen, Hamburg, Mecklenburg-Schwerin und -Strelitz, Oldenburg, Lippe und Lübeck.

Teil I: Taschenformat. 560 Seiten. 1923 . . . . . Geb. RM. 5.—
Teil II: Nebst Ausführungsgesetzen sämtlicher Länder zum Reichsjugendwohlfahrtsgesetz. Taschenformat. XVI, 551 Seiten. 1925. (Guttentagsche Sammlung Deutscher Reichsgesetze Bd. 152 und 152a.)

Geb. RM. 9.—

Teil I und II zus. RM. 12.—

„Die kurzen, alles Wesentliche zusammenfassenden Einleitungen zu den einzelnen Gesetzen sind mit außerordentlicher Sachkunde und Klarheit geschrieben; sie genügen zusammen mit den Literaturangaben völlig für den Praktiker, um die Gesetzestexte richtig handhaben zu können. Das Werk ist für alle in der Wohlfahrtspflege Arbeitenden unentbehrlich und sehr praktisch."

Nachrichtendienst des Deutschen Vereins für öffentliche Fürsorge.

Wegner, Arthur, **Jugendrecht.** Ein Lehrbuch zur Einführung. Oktav. IX, 219 Seiten. 1929 . . . . RM. 6.—, geb. RM. 7.50

„Ein gleichartiges und gleichwertiges Werk über das Jugendrecht gibt es noch nicht." *Breslauer Zeitung.*

Drewes, Paul, und **Sandré,** Emil, **Das Reichsgesetz für Jugendwohlfahrt** vom 9. Juli 1922 und **Jugendgerichtsgesetz** vom 16. Februar 1923 nebst Nebengesetzen. Zweite Auflage. Taschenformat. XVI, 496 Seiten. 1928. (Guttentagsche Sammlung Deutscher Reichsgesetze Bd. 154.) Geb. RM. 11.—

„Eine sehr handliche Gesetzesausgabe. Sie bietet in ausführlichen geschichtlichen und rechtlichen Vorbemerkungen und Einleitungen wertvolles Material zur Einführung in den Willen und Geist beider Gesetze und gibt in knappen, aber ausreichenden Erläuterungsbemerkungen zu den einzelnen Bestimmungen dem Praktiker die erforderlichen Unterlagen zur richtigen Anwendung. Das Werk dürfte sich in der Praxis beliebt machen." *Blätter für öffentliche Fürsorge*

Sandré, Emil **Verordnung über die Fürsorgepflicht.** Vom 14. Februar 1924. Mit Einschluß der für die Durchführung dieser Verordnung in Frage kommenden reichs- und landesgesetzlichen Bestimmungen. Taschenformat. 342 Seiten. 1925. (Guttentagsche Sammlung Deutscher Reichsgesetze Bd. 160.) . . . . Geb. RM. 6.—

„Die Zusammenstellung der bis in die jüngste Zeit ergangenen gesetzlichen Bestimmungen, die in Beziehung zur Fürsorgepflichtverordnung stehen, gibt der Sandréschen Arbeit ihre besondere Bedeutung. Die Anmerkungen sind zahlreich und zeichnen sich durch einen feinen, klaren Stil aus. Das Buch ist übersichlich geordnet und leicht zu handhaben." *Schleswig-Holsteinsche Wohlfahrtsblätter.*

Szczesny, Viktor, **Das Lichtspielgesetz** vom 12. Mai 1920 mit der Ausführungsverordnung Einleitung, Gebührenordnung und Sachregister. Taschenformat. 106 Seiten. 1920. (Guttentagsche Sammlung Deutscher Reichsgesetze Bd. 147.) . . . . Geb. RM. 1.50

„Das neue Lichtspielgesetz hat hier eine ausführliche Kommentierung gefunden. Das Buch kann bei der gründlichen Behandlung des Stoffes als ein geeignetes Hilfsmittel für die Praxis bezeichnet werden." *Preußische Gemeinde-Zeitung.*

Wündisch, Ernst, **Das Gesetz über Schußwaffen und Munition** vom 12. April 1928 (RGBl. I S. 143) nebst der Ausführungsverordnung der Reichsregierung vom 13. Juli 1928 (RGBl. I S. 198) und dem Preußischen Erlaß zur Durchführung des Gesetzes vom 7. September 1928 (MBliV. S. 925). Taschenformat. 139 Seiten. 1928. (Guttentagsche Sammlung Deutscher Reichsgesetze Bd. 173.) . . . . Geb. RM. 5.—

Ein klares zuverlässiges Erläuterungsbuch für den praktischen Gebrauch.

Fraustädter, W., und **Kreutzberger,** M., **Das deutsche Ausländerrecht.** Die Bestimmungen des Reichsrechts und preußischen Landesrechts. Textausgabe mit Erläuterungen und Sachregister. Taschenformat. 396 Seiten. 1927. (Guttentagsche Sammlung Deutscher Reichsgesetze Bd. 166.) Geb. RM. 9.—

„Eine höchst begrüßenswerte Veranstaltung, aus dem Bedürfnis der Praxis hervorgegangen und mit vollendetem Sachverständnis unternommen. Sowohl die Vollständigkeit der mannigfach verstreuten gesetzlichen Bestimmungen als deren Anordnung, Registrierung und Erläuterung durch Ausführungsbestimmungen, Gerichtsentscheidungen, Verwaltungspraxis ist vortrefflich."

Niemeyers Zeitschrift für internationales Recht.

Voß, Werner, **Die reichs- und landesrechtlichen Bestimmungen auf dem Gebiete des Gesundheitswesens.** Zusammengestellt und mit Anmerkungen versehen. Taschenformat. 608 Seiten. 1929. (Guttentagsche Sammlung Deutscher Reichsgesetze Bd. 172.) . . . . . . Geb. RM. 11.—

„Der Band enthält eine Sammlung der Gesetze, Verordnungen und Bestimmungen auf dem Gebiete des Gesundheitswesens, wie sie in dieser Vollständigkeit sonst nicht besteht. Dadurch erst ist ein zuverlässiger und rascher Überblick über die einschlägigen weit verstreuten Bestimmungen gewährleistet."

Württ. Zeitschr. f. Rechtspflege.

Hippel, W. von, **Reichsviehseuchengesetz** vom 26. Juni 1909 nebst Ausführungsvorschriften und dem preußischen Ausführungsgesetz. Zweite Auflage. Taschenformat. 486 Seiten. 1913. (Guttentagsche Sammlung Deutscher Reichsgesetze Bd. 103.) . . . . Geb. RM. 4.—

Boxberger, L. von, **Vogelschutzgesetz** vom 30. Mai 1908 nebst den das Flugwild betreffenden Bestimmungen der Preußischen Jagdordnung. Taschenformat. 57 Seiten. 1909. (Guttentagsche Sammlung Deutscher Reichsgesetze Bd. 89.) . . . . Geb. RM. 1.—

Landesrecht

Bitter, von, **Handwörterbuch der Preußischen Verwaltung.** Dritte, vollständig umgearbeitete Auflage. Unter Mitwirkung zahlreicher hoher Reichs- und preußischer Staatsbeamten herausgegeben von Dr. Bill Drews, Staatsminister a. D., Präsident des Pr. Oberverwaltungsgerichts, und Dr. Franz Hoffmann, Wirklicher Geheimer Oberregierungsrat, Berlin. Lexikon-Oktav. 1928.

RM. 120.—, in Halbleder geb. RM. 132.—

Erster Band, 1. Halbband: Abbaugerechtigkeiten—Fleisch- und Viehagenten. 552 Seiten.

2. Halbband: Fleischvergiftung—Kyffhäuserbund. Seite 553 bis 1134 und IX Seiten.

Zweiter Band: Lackfabriken—Zwischenkredit. VII, 1220 Seiten.

(Im Verlage der Firmen: Walter de Gruyter & Co., Berlin; Carl Heymanns Verlag, Berlin; Roßberg'sche Verlagsbuchhandlung, Leipzig.)

Das zentrale Werk der Praxis des Verwaltungsrechts.

Reichelt, H., **Verwaltungsgesetzbuch für Preußen.** Systematische Zusammenstellung der wichtigsten Verwaltungsgesetze und Verordnungen für Praxis und Unterrichtszwecke. Lexikon-Oktav. VII, 1302 Seiten. 1914 . . . . Geb. RM. 7.60

„Das Buch ist sehr wertvoll, dem Praktiker unentbehrlich und leistet demjenigen, der sich auf eine Prüfung vorbereitet, vorzügliche Dienste. Allen Verwaltungsbehörden wird das Buch warm empfohlen."

Preußische Verwaltungs- und Finanz-Zeitung.

Friedrichs, K., **Die Gesetzgebung über die allgemeine Landesverwaltung** und Zuständigkeit der Verwaltungs- und Verwaltungsgerichtsbehörden. Dritte, durchgesehene Auflage. Taschenformat. XXIII, 295 Seiten. 1927. (Guttentagsche Sammlung Preußischer Gesetze Bd. 42.)

Geb. RM. 5.—

„Der Wert dieser Arbeit liegt darin, daß er eine erschöpfende und klare Übersicht über das tatsächlich geltende Verwaltungsrecht bringt. Das Werk ist ein vorzügliches und nie versagendes Hilfsmittel."

Gesetz und Recht.

Pfafferoth, Carl, **Preußische Beamtengesetzgebung.** Fünfte Auflage. XIV, 280 Seiten. 1916. (Guttentagsche Sammlung Preußischer Gesetze Bd. 2.) . . . . Geb. RM. 2.40

Dultzig, Eugen von, **Das preußische Disziplinargesetz für die nichtrichterlichen Beamten.** Taschenformat. XIV, 364 Seiten. 1914. (Guttentagsche Sammlung Preußischer Gesetze Bd. 51.) . . . . Geb. RM. 4.20

„Der Verfasser kennt das Disziplinarrecht aus eigener Tätigkeit und aus langer Erfahrung. Diese hat er zu einem praktischen Nach-

schlagebuch für alle praktischen Fragen des Disziplinarrechts ausgestaltet. Bei tunlichster Kürze sind doch recht erschöpfende, klare und anschauliche Erläuterungen entstanden, die das Verständnis und die Anwendung des Disziplinarrechts in zweckmäßiger Weise erleichtern. Das Büchlein verdient volle Beachtung."

Zeitschrift für Polizei- und Verwaltungsbeamte.

Hagemann, Rudolf, **Hinterlegungsordnung** vom 21. April 1913. Taschenformat. 175 Seiten. 1914. (Guttentagsche Sammlung Preußischer Gesetze Bd. 53.) . . . . Geb. RM. 2.20

„Das in der vorteilhaft bekannten Guttentagschen Sammlung erschienene Buch darf als ein Hilfsmittel zu dem nicht immer ganz einfachen Verständnis der neuen Hinterlegungsvorschriften bestens empfohlen werden; es ist klar, übersichtlich und ausführlich."

Zentralblatt für freiwillige Gerichtsbarkeit.

Aschrott, P. F., **Gesetz über die Fürsorgeerziehung Minderjähriger.** Vom 2. Juli 1900. Nebst Ausführungsanweisungen. Dritte Auflage. Taschenformat. 374 Seiten. 1917. (Guttentagsche Sammlung Preußischer Gesetze Bd. 28.) . . . . Geb. RM. 2.80

„Das Buch gewährt nicht nur einen klaren Einblick in die gegenwärtige Gestaltung der Fürsorgeerziehung in Preußen, sondern es gibt auch über die Zweifelsfragen, welche bei der Auslegung des technisch ziemlich unvollkommenen Fürsorgeerziehungsgesetzes in besonders reicher Fülle auftauchen, durchweg eine erschöpfende und zutreffende Auskunft." *Das Recht.*

Marcks, A., **Gesetz, betr. die Unterhaltung der öffentlichen Volksschulen.** Taschenformat. 194 Seiten. 1906. (Guttentagsche Sammlung Preußischer Gesetze Bd. 39.) . . . . Geb. RM. 1.80

„Das handliche Büchlein wird, von sachkundiger Seite herrührend und praktisch angelegt, Verwaltungsbeamten, Schulvorständen, Lehrern beim Gebrauch gute Dienste leisten."

Schulblatt der Provinz Brandenburg.

Ledermann, W., und **Brühl,** L., **Die Städteordnung für die sechs östlichen Provinzen Preußens.** Zweite Auflage. Taschenformat. 593 Seiten. 1913. (Guttentagsche Sammlung Preußischer Gesetze Bd. 32.) Geb. RM. 6.—

„Der Kommentar, eine hervorragende Arbeit, ist von der Kritik und der Praxis so einmütig günstig aufgenommen worden, daß er auch in seiner zweiten durch Gesetzgebung, Literatur und Rechtsprechung der letzten zehn Jahre bereicherten Ausgabe keiner weiteren Empfehlung bedarf." *Kommunale Praxis.*

Wölbling, P., **Bildung der neuen Stadtgemeinde Berlin.** Zweite Auflage. Taschenformat. 114 Seiten. 1920. (Guttentagsche Sammlung Preußischer Gesetze Bd. 59.) . . . . Geb. RM. 1.40

„Die Ebenmäßigkeit mit den Kommentaren anderer Gesetze der Guttentagschen Sammlung erringt der Verfasser durch seine strenge Sachlichkeit. Damit muß seinem Werk die Beachtung bei der Durchführung des Gesetzes und bleibender Wert gesichert erscheinen."

Soziale Praxis.

Caro, H., **Gesetz, betr. Austritt aus der Landeskirche,** vom 14. Mai 1873. Taschenformat. 190 Seiten. 1911. (Guttentagsche Sammlung Preußischer Gesetze Bd. 46.) . . . . Geb. RM. 2.40

„Ein sehr praktisches Buch, das in den Anmerkungen zum Wortlaut des Gesetzes eine reiche Fülle von Material bietet für alle möglichen

Fragen, die mit Aus- und Übertritt zusammenhängen. Das genau gearbeitete Inhaltsverzeichnis ermöglicht bei gelegentlicher Benutzung ein leichtes Auffinden des Nötigen.“
Deutsch-Protestantische Bücherschau.

Meyer, O., **Gesetz, betr. die Anlegung und Veränderung von Straßen und Plätzen in Städten und ländlichen Ortschaften.** Taschenformat. 211 Seiten. 1913. (Guttentagsche Sammlung Preußischer Gesetze Bd. 50.) RM. 3.—

Strauß-Torney, Hugo von und **Saß,** Carl, früher **Friedrichs,** R., **Gesetz, betr. Anlegung und Veränderung von Straßen und Plätzen** in Städten und ländlichen Ortschaften. (Straßen- und Baufluchtengesetz.) Kommentar. Sechste Auflage. Groß-Oktav. 211 Seiten. 1920. RM. 8.—, geb. RM. 9.50

„Das Werk zeigt eine Reichhaltigkeit und Vollständigkeit, die sonst wenigen Kommentaren eigen ist, und übertrifft hierin noch weit die früheren Auflagen. Besonders erwähnenswert ist die geschickte Anordnung der Erläuterungen und das praktische Inhaltsverzeichnis.“
Wochenschrift des Architektenvereins zu Berlin.

Heine, H. **Die preußischen Baupolizeigesetze** nebst den sonstigen einschlägigen Reichs- und Landesgesetzen. Taschenformat. 404 Seiten. 1928. (Guttentagsche Sammlung Preußischer Gesetze Bd. 64.) Geb. RM. 8.—

Diesem Band ist die Aufgabe gestellt, die in erster Linie in Betracht kommenden Gesetze und sonstigen Vorschriften und die im Zusammenhang hiermit entstehenden Rechtsfragen in übersichtlicher Weise zusammenzufassen und zu erörtern. Die Rechtsprechung des Oberverwaltungsgerichts und anderer Gerichte ist hierbei berücksichtigt worden.

Goldschmidt, O., **Gesetze gegen die Verunstaltung landschaftlich hervorragender Gegenden mit Ausführungsanweisungen.** Taschenformat. 152 Seiten. 1912. (Guttentagsche Sammlung Preußischer Gesetze Bd. 49.) Geb. RM. 2.40

„Der Kommentar bietet eine sachgemäße, sorgfältige und erschöpfende Erläuterung der einzelnen gesetzlichen Bestimmungen. Er wird als ein durch Vollständigkeit und Zuverlässigkeit ausgezeichnetes Hilfsmittel jedem Freunde des Heimatschutzes ein willkommener Ratgeber sein.“ *Jahrbuch des Verwaltungsrechts.*

Wulff, G., und **Herold,** F., **Wassergesetz** vom 7. April 1913. Mit Einleitung, Erläuterungen und Sachregister. Zweite, umgearbeite Auflage von G. Wulff. Taschenformat. XVI, 665 Seiten. 1928. (Guttentagsche Sammlung Preußischer Gesetze Bd. 52.) . . Geb. RM. 12.—

„Gründlichkeit und trefflichere Kürze bilden einen besonderen Vorzug des Werkes.“ Ministerialblatt f. d. preuß. innere Verwaltung.

Holtgreven, A., und **Wolff,** Th., **Das Wildschadengesetz** vom 11. Juli 1891. Kommentar. Vierte, vermehrte und verbesserte Auflage. Oktav. VIII, 216 Seiten. 1902 . . . . RM. 4.—

„Dieses Werkchen will einerseits die juristisch zweifelhaften Punkte des Wildschadengesetzes wissenschaftlich erörtern und klarstellen und andererseits allen denjenigen, welche bei der Handhabung dieses Gesetzes in irgendeiner Weise, sei es als Private, Beamte, Grundbesitzer oder als Jagdberechtigte, beteiligt sind, ein praktischer Berater sein.“
Allgemeine Forst- und Jagdzeitung.

Born, A., **Das preußische Fischereigesetz** vom 11. Mai 1916 in der geltenden Fassung. Taschenformat. 428 Seiten. 1928. (Guttentagsche Sammlung Preußischer Gesetze Nr. 62.) . . . . Geb. RM. 7.50

Die Ausgabe bietet eine bis jetzt fehlende neue Darstellung des Fischereigesetzes, in der vor allem die neue Rechtsprechung eingehend verwertet ist. Außer dem Fischereigesetz, das eine ausführliche Erläuterung gefunden hat, sind die wichtigen Ausführungsverordnungen und im Anhang die einschlägigen Bestimmungen anderer für die Anwendung des Fischereigesetzes in Frage kommenden Gesetze berücksichtigt.

Born, A., Die preußischen Jagdgesetze in ihrer geltenden Fassung. Mit Erläuterungen versehen. Taschenformat. 433 Seiten. 1928. (Guttentagsche Sammlung Preußischer Gesetze Nr. 63.) . . . Geb. RM. 8.—

„Das Buch kann zur Belehrung und Handgebrauch den Gerichten, Landratsämtern, Gemeinden und Forstbehörden sowie allen jagdlich interessierten Personen warm empfohlen werden."
Leipziger Ztsch. f. dtsch. Recht.

Kunze, F., Das Jagdscheingesetz. Zweite Auflage. Taschenformat. 157 Seiten. 1899. (Guttentagsche Sammlung Preußischer Gesetze Bd. 19.) . . . . Geb. RM. 2.—

„Die eingehenden Anmerkungen und die im Titel hervorgehobenen Beigaben machen den kleinen Kommentar zu einem vortrefflichen, in der Praxis schwer entbehrlichen Hilfsmittel zur Auslegung des Gesetzes." Zeitschrift für die gesamte Strafrechtswissenschaft.

Holzapfel, W., Umlegungsordnung. Taschenformat. 144 Seiten. 1921. (Guttentagsche Sammlung Preußischer Gesetze Bd. 60.) . . RM. 1.80

„Holzapfel, der hervorragende Kenner der Auseinandersetzungsgesetze, erläutert die Vorschriften der Umlegungsordnung in seiner scharfsinnigen Art in durchaus erschöpfender Weise und gibt in diesen Erläuterungen ein außerordentlich anschauliches Bild von der Umlegung der Grundstücke. Das Buch ist auch für Laien leicht und gut verständlich und kann jedem, der für die Umlegung Interesse hat, zur Benutzung angelegentlich empfohlen werden."
Preußisches Verwaltungsblatt.

Holzapfel W., Gesetz über Landeskulturbehörden. Taschenformat. 176 Seiten. 1919. (Guttentagsche Sammlung Preußischer Gesetze Bd. 57.) Geb. RM. 2.—

„Der Titel gibt den Inhalt des Werkchens vollständig an, hinzuzufügen ist aber, daß die Erläuterung, die umfangreich und eingehend ist und der praktischen Handhabung des Gesetzes Schritt für Schritt folgt, aus der Feder eines Mannes herrührt, der durch seine sachliche Qualifikation als gründlicher Kenner der Materie für eine zuverlässige Führung die größte Gewähr bietet. Dankenswert ist die Gründlichkeit der im bescheidenen Rahmen geleisteten Arbeit."
Verwaltungs-Archiv.

Kollenscher, M., Rechtsverhältnisse der Juden in Preußen. Taschenformat. VIII, 199 Seiten. 1910. (Guttentagsche Sammlung Preußischer Gesetze Bd. 45.) . . . . RM. 2,40

„Eine zusammenfassende, erschöpfende Darstellung der in den verschiedensten Quellen zerstreuten zahlreichen Judengesetze und Verordnungen. Jede Synagogengemeinde und jeder, der sich mit jüdischen Angelegenheiten beschäftigt, müßte dieses Buch besitzen."
Jüdische Rundschau.

3. Steuerrecht

Nieberl, A., Reichsabgabenordnung vom 13. Dezember 1919 nebst Einführungsverordnung vom 18. Dezember 1919 und Übergangsverordnung vom 11. Oktober 1921. Textausgabe mit Anmerkungen und ausführlichem Sachregister. Zweite, neubearbeitete Auflage. Taschenformat. 1927. (Guttentagsche Sammlung Deutscher Reichsgesetze Bd. 143.) . . . . Mit folgendem Nachtrag geb. RM. 12.—

„Die Darstellung ist leicht verständlich und klar. Das Sachregister ist gründlich bearbeitet. Jedenfalls wird das Buch, das einen mit der praktischen Handhabung der RAbgO. vertrauten Verfasser erkennen läßt, nicht nur den Steuerbeamten, sondern auch dem rechtsuchenden Publikum und seinen Beratern ein willkommener guter Führer auf diesem Gebiet sein." Juristische Wochenschrift.

Nieberl, A., Die Änderungen der Reichsabgabenordnung durch die Verordnung vom 1. Dezember 1930. Taschenformat. 127 Seiten. 1931. RM. 2.—

Michaelis, Richard, **Die Dritte Steuernotverordnung** vom 14. Februar 1924. Mit besonders ausführlicher Berücksichtigung der Vorschriften über die Aufwertung und die öffentlichen Anleihen. Taschenformat. VIII, 388 Seiten. 1924. (Guttentagsche Sammlung Deutscher Reichsgesetze Bd. 157.) . . . . Geb. RM. 7.—

„Ganz besonders zu rühmen ist der Kommentar von Michaelis, der dank seiner eingehenden und gründlichen Bearbeitungsweise erheblichen Einfluß auf die Praxis gewonnen hat." Juristische Wochenschrift.

Hollaender, Adolf, **Einkommensteuergesetz und Körperschaftsteuergesetz** nebst den zugehörigen Aus- und Durchführungsbestimmungen, Verordnungen und Erlassen. Taschenformat. XXXIX, 697 Seiten. 1926. Mit Nachtrag. 1928. (Guttentagsche Sammlung Deutscher Reichsgesetze Bd. 151.) . . . . Geb. RM. 24.—

„Das auf die Bedürfnisse der Praxis abgestellte und ihnen gerecht werdende Buch wird jedem gute Dienste leisten, der sich handelnd oder leitend auf dem äußerst unsicheren, ohne Hilfsmittel überhaupt nicht begehbaren Boden der heutigen Einkommensteuer zurechtfinden muß." Juristische Rundschau.

Pick, Reichsbewertungsgesetz. Textausgabe mit Anmerkungen. In Bearbeitung.

Schachian, Herbert, **Erbschaftsteuergesetz,** Fassung vom 22. August 1925, mit Anmerkungen. Vierte Auflage. Oktav. 65 Seiten. 1926. RM. 2.50

„Eine vollständige Darstellung des Erbschaftssteuerrechts und der zugrunde liegenden bürgerlich-rechtlichen Vorschriften des Erbrechts. Als wissenschaftliche und praktische Leistung steht der klar und scharf geschriebene Kommentar in vorderster Reihe unter seinen Rivalen; er ist als Wegweiser besonders zu empfehlen." Juristische Wochenschrift.

Hoffmann, U., **Die preußischen Erbschaftsteuergesetze.** Taschenformat. 561 Seiten. 1905. (Guttentagsche Sammlung Preußischer Gesetze Bd. 20.) . . . . RM. 3.—

Lindemann, Otto, **Umsatzsteuergesetz** (neueste Fassung) mit Ausführungsbestimmungen. Vierte, vermehrte und verbesserte Auflage. Taschenformat. 518 Seiten. 1926. (Guttentagsche Sammlung Deutscher Reichsgesetze Bd. 132.) . . . . Geb. RM. 10.—

„Es handelt sich um einen ausführlichen, gediegenen und klar abgefaßten Kommentar, der den weiteren Vorzug besitzt, auf dem laufenden zu sein. Das Werk kann allen Interessenten nur warm empfohlen werden." Industrie- und Handelszeitung.

Lindemann, Otto, **Grunderwerbsteuergesetz** (neueste Fassung) mit den Ausführungsbestimmungen. Zweite, völlig umgearbeitete Auflage.

Taschenformat. 186 Seiten. 1926. Mit Nachtrag 1927. (Guttentagsche Sammlung Deutscher Reichsgesetze Bd. 139.) . . . . Geb. RM. 4.—

„Das Buch wird manchem in den mannigfachen Streitfragen des in der Praxis sehr einschneidenden Gesetzes ein willkommener Ratgeber sein. Die Erläuterungen zeichnen sich durch Klarheit und Gemeinverständlichkeit im besten Sinne aus." Württembergische Industrie.

Hagelberg, E., und **Krämer,** L., **Grunderwerbsteuergesetz** vom 12. September 1919 (RGBl. S. 1617) in der Fassung des Gesetzes vom 11. März 1927 (RGBl. I S. 72) nebst Einleitung, Sachregister und Ausführungsbestimmungen und der einschlägigen Vorschriften des Finanzausgleichs-Steuermilderungsgesetzes und Steuerstrafrechts. Für die Praxis erläutert. Zweite, völlig umgearbeitete und erweiterte Auflage. Groß-Oktav. 355 Seiten. 1928 . . . . Geb. RM. 15.—

„Die verhältnismäßige Kürze ihrer Erläuterungen bei großer Vollständigkeit ist zu rühmen. Das Buch ist nicht nur für den Juristen, sondern auch für den gebildeten Laien, namentlich Grundstücksmakler und Hausbesitzer, von großem, praktischem Wert."
Zeitschrift d. Deutsch. Notarvereins.

Hagelberg, E., und **Krämer,** L., **Wertzuwachssteuerrecht.** Kommentar. Groß-Oktav. 256 Seiten. 1929 . . . . . RM. 12.—, geb. RM. 13.50

Die Verfasser kommentieren die neue Wertzuwachssteuerordnung für Berlin und die preußische Mustersteuerordnung. Ihr Buch ist ein Leitfaden für die Steuerpflichtigen und ihre Rechtsberater und die mit der Wertzuwachssteuer befaßten Behörden. Es stellt die rechtliche und wirtschaftliche Bedeutung der Bestimmungen klar: Die Rechtsprechung des Preußischen Oberverwaltungsgerichts wurde erschöpfend berücksichtigt. Auch Spezialfragen wie die Aufwertung und das Schwarzkaufwesen wurden behandelt.

Hoepker, Heinrich, **Die Industriebelastungsgesetze** vom 30. August 1924 nebst den Durchführungsbestimmungen zum Gesetz über die Industriebelastung. Taschenformat. XV, 200 Seiten. 1925. Mit Nachträgen. (Guttentagsche Sammlung Deutscher Reichsgesetze Bd. 159.)
Geb. RM. 4.—

„Die Anmerkungen sind erschöpfend und führen den Leser mit Geschick in die schwierige und neue Materie ein. Rechtsanwälte sowie Kaufleute, für welche die Industriebelastung in Frage kommt, werden das mit einem guten Sachregister ausgestattete Werk mit gleichem Nutzen gebrauchen!" Industrie- und Handels-Zeitung.

von **Lympius,** W., **von Elbe,** K., **Das Kommunalabgabengesetz und das Kreis- und Provinzialabgabengesetz.** Dargestellt in der Rechtsprechung des Oberverwaltungsgerichts. Groß-Oktav. X, 440 Seiten. 1930.
RM. 22.50, geb. 24.—

„Man muß es als einen besonders glücklichen Gedanken bezeichnen, wenn die Verfasser die gesamte Rechtsprechung des OVG., ja auch die nichtveröffentlichten Entscheidungen auszugsweise in einer Form wiedergegeben haben, die in hohem Grade die Arbeit der Praxis wie auch der Wissenschaft erleichtert. Wenn dieses Werk in hervorragendem Maße geglückt ist, so ist es wohl in erster Linie darauf zurückzuführen, daß beide Verfasser als Mitglieder des OVG. zu den Berufensten in der Abfassung einer solchen Arbeit gehören."
Reichsarbeitsblatt.

Eiffler, Kurt, **Staatliche Verwaltungsgebühren.** Gesetz über staatliche Verwaltungsgebühren vom 29. September 1923 nebst Gebührenordnungen und Ausführungsbestimmungen. Taschenformat. 192 Seiten. Mit Nachtrag. 1925. (Guttentagsche Sammlung Preußischer Gesetze Bd. 61.)
Geb. RM. 6.—

„Das Buch ist für alle preußischen staatlichen und kommunalen Behörden unentbehrlich." Deutsches Beamtenarchiv.

Loeck, P., und **Eiffler**, K., **Preußisches Stempelsteuergesetz** mit den gesamten Ausführungsbestimmungen. Unter besonderer Berücksichtigung der Entscheidungen der Verwaltungsbehörden und der Gerichte herausgegeben. Zehnte, neubearbeitete Auflage. Taschenformat. 476 Seiten. 1928. (Guttentagsche Sammlung Preußischer Gesetze Bd. 18.) Geb. RM. 13.—

„Die zahlreichen Auflagen zeugen für die Güte und praktische Brauchbarkeit des Buches, das durch den von Eiffler hinzugefügten Anhang auf den gegenwärtigen Rechtsstand gebracht ist." Finanz-Ministerialblatt.

Lebbin, Georg, **Nahrungsmittelgesetze** mit Erläuterungen. Zweite, stark vermehrte Auflage in zwei Bänden.
Zweiter Band: **Getränkegesetze und Getränkesteuergesetze** (Wein, Bier, Branntwein, Mineralwasser). Unter Mitarbeit von Rechtsanwalt Dr. Kniebe. Taschenformat. XII, 400 Seiten. 1926. (Guttentagsche Sammlung Deutscher Reichsgesetze Bd. 54b.) . . . . Geb. RM. 10.—

„Die wichtigsten Gesetze sind eingehend kommentiert und so vollständig ergänzt, daß die Sammlung als unentbehrliches Hilfsmittel, wie es in dieser Art bislang noch fehlte, für den Sachbearbeiter bei Behörden und Verbänden sowohl als auch für den Kaufmann der Branche zu begrüßen ist." Württembergische Wirtschafts-Zeitschrift.

Wündisch, Friedrich, **Das Tabaksteuergesetz** vom 12. September 1919 nebst den Ausführungsbestimmungen vom 26. Februar 1920. Taschenformat. 286 Seiten. 1920. Mit Nachtrag 1925. (Guttentagsche Sammlung Deutscher Reichsgesetze Bd. 146.) . . . . Geb. RM. 4.—

„Endlich ein Kommentar zum Tabaksteuergesetz! Die Ausgabe kommt den Wünschen der Praxis nach einer erschöpfenden Darstellung des neuen Gesetzes in umfassender Weise entgegen. Das Buch bildet eine ausgezeichnete Informationsquelle für alle Fragen, die in der Praxis vorkommen." Deutsche Tabak-Zeitung.

VII. Entscheidungs-Sammlungen und Zeitschriften.

Entscheidungen des Reichsarbeitsgerichts. Herausgegeben von den Mitgliedern des Reichsarbeitsgerichts. Oktav.
Band I. 1928. Band II. 1928/29. Band III. 1929. Band IV. 1929/30. Band V u. VI 1930, Band VII 1931 . . Je RM. 6.50, geb. RM. 8.—

Entscheidungen des Reichsgerichts. Herausgegeben von den Mitgliedern des Gerichtshofes u. d. Reichsanwaltschaft. Oktav. (2 Sammlungen.)
1. **Entscheidungen in Zivilsachen.** (Werden in Heften im Umfange von etwa 5 bis 6 Bogen sowie in vollständigen Bänden, geheftet und gebunden, ausgegeben. Jährlich 4 Bände.) 1.—130. Band.
Je RM. 6.50, geb. RM. 8.—

Generalregister zum hundertelften bis hundertzwanzigsten Bande der von den Mitgliedern des Gerichtshofes und der Reichsanwaltschaft herausgegebenen **Entscheidungen des Reichsgerichts in Zivilsachen.** Bearbeitet von **Hans Triebel.** Oktav. XXIII, 509 Seiten. 1929.
RM. 15.—, in Halbleder RM. 18.—

Durch die umfassenden Register über je 10 Bände der amtlichen Sammlung von Reichsgerichtsentscheidungen wird das in dieser enthaltene umfängliche reiche Material der praktischen Benutzung erst voll erschlossen. Die Register verarbeiten das Material in 1. einem systematischen Register (mit einer dazugehörigen alphabetischen Übersicht), 2. einem alphabetischen Register, 3. einem Quellenregister, 4. einer chronologischen Übersicht, 5. einer Zusammenstellung der Entscheidungen nach Oberlandesgerichtsbezirken. Damit ist der höchste Grad von Sicherheit und Schnelligkeit für die Benutzung der Entscheidungssammlung erreicht.

2. **Entscheidungen in Strafsachen.** (Werden in Heften im Umfange von 5 bis 6 Bogen sowie in vollständigen Bänden, geheftet und gebunden, ausgegeben. Jährlich 1 Band.) 1.—65. Band. Je RM. 6.50, geb. RM. 8.—

Schiedsgericht für Oberschlesien. Trybunal Rozjemczy dla Górnego Slaska. Amtliche Sammlung von Entscheidungen des Schiedsgerichts für Oberschlesien, veröffentlicht gemäß der Bestimmung des Art. 592 des Genfer Abkommens vom 15. Mai 1922. Zbiór urzedowy orzeczeń Trybunalu Rozjemczego dla Górnego Ślaska ogloszony wedle postanowienia art. 592 Konwencji Genewskiej z dnia 15 maja 1922r. Oktav. Band I. Tom. I. Nr. 1/4. 129 Seiten. 1929.
Pro Band RM. 12.—

Diese amtliche Sammlung veröffentlicht Entscheidungen des Schiedsgerichts für Oberschlesien, soweit sie von grundsätzlicher Bedeutung sind, in deutscher und polnischer Sprache. Die veröffentlichten Entscheidungen sind insofern für alle Gerichte und Verwaltungsbehörden von besonderer Bedeutung, als sie für sie bindend sind und jede Abweichung dem Schiedsgericht zur Entscheidung vorzulegen ist.

Zeitschrift für die gesamte Strafrechtswissenschaft. Gegründet von Fr. von **Liszt** und **A. Dochow.** Unter ständiger Mitarbeiterschaft hervorragender Fachmänner herausgegeben von Prof. Dr. K. **von Lilienthal,** Prof. Dr. Ed. **Kohlrausch** und Prof. Dr. W. **Gleispach.** Der Jahrgang besteht aus 8—9 Heften. Quart.

Bd. 1—43. 1881—1922. Je RM. 15.—. Bd. 44. 1922. RM. 25.—. Bd. 45. 1924. RM. 21.—. Bd. 46—49. 1925—1929. Je RM. 30.—. Bd. 50. 1929/30. RM. 36.—.

Juristische Rundschau. Herausgegeben von Otto **Lindemann,** Ministerialdirektor, Geh. Oberjustizrat, Berlin, Dr. Friedrich **Flad,** Senatspräsident beim Reichsgericht, Leipzig, **Fritz Hartung,** Reichsgerichtsrat, Leipzig und

Höchstrichterliche Rechtsprechung. Herausgegeben von Eugen **Friedrichs,** Senatspräsident, Breslau, Dr. Albert **Feisenberger,** Reichsanwalt, Leipzig. — Erscheint am 1. und 15. jeden Monats.

Jahrgang 1931. Vierteljährlich RM. 7.50, Einzelheft RM. 1.50

Beilage „Höchstrichterliche Rechtsprechung" einzeln vierteljährlich 5.—

Zeitschrift für ausländisches öffentliches Recht und Völkerrecht. Im Auftrage des Instituts für ausländisches öffentliches Recht und Völkerrecht herausgegeben von Dr. Viktor **Bruns,** Professor an der Universität Berlin, Leiter des Instituts. Lexikon-Oktav.

Band I, Teil 1: Abhandlungen. XXVIII, 657 Seiten. 1929. RM. 43.—
Band I, Teil 2: Urkunden. XVI, 858 Seiten. 1929 . . . RM. 54.—
Band II, Teil 1/2: Abhandlungen und Urkunden. 368 Seiten. 1930. RM. 45.—

Der neuen Zeitschrift für ausländisches öffentliches Recht und Völkerrecht ist es als Aufgabe gesetzt, die wichtigsten, die Wis-

senschaft und die Praxis beschäftigenden Probleme des Völkerrechts und des außerstaatlichen öffentlichen Rechts zu behandeln. Sie wird zu all diesen Fragen eingehend Stellung nehmen und über alle wichtigen Ergebnisse der Gesetzgebung und der Rechtsprechung auf diesem Gebiete im In- und Ausland eingehend berichten. Der I. Jahrgang der Zeitschrift wird in zwei Bänden herausgegeben; künftig erfolgt das Erscheinen vierteljährlich.

Zeitschrift für ausländisches und internationales Privatrecht. Herausgegeben in Gemeinschaft mit Ernst **Heymann,** Heinrich **Titze,** Martin **Wolff,** ordentliche Professoren an der Universität Berlin, wissenschaftliche Berater des Instituts, Max **Pagenstecher,** o. Professor an der Universität Hamburg, Franz **Schlegelberger,** Ministerialdirektor im Reichsjustizministerium, Honorarprofessor an der Universität Berlin, von Ernst **Rabel,** o. Professor an der Universität Berlin, Direktor des Instituts. Jährlich 6 Hefte im Umfang von etwa 65 Bogen.
Preis des vierten Jahrganges RM. 54.—
Sonderhefte: **Die deutsche Rechtsprechung auf dem Gebiete des internationalen Privatrechts in den Jahren 1926 und 1927.** 1928. RM. 8.—
do. **im Jahre 1928.** 1930 . . . . RM. 11.—

Zeitschrift für Bergrecht. Bis zu seinem Tode herausgegeben von dem Wirkl. Geh. Rat, Berghauptmann a. D. Dr. jur. H. Brassert. Redigiert und herausgegeben von den rechtskundigen Ministerialräten der Bergabteilung des Preußischen Ministeriums für Handel und Gewerbe. Jährlich ein Band von mehreren Heften. Die Hefte erscheinen in zwangloser Folge. 1928/29. RM. 20.—, Jahrgang 70. 1929. RM. 20.—, Jahrgang 71. 1930 . . . . RM. 20.—

Zeitschrift für Bergrecht. Register zu Jahrgang 37—40 . . . RM. 14.—

Zeitschrift für das gesamte Luftrecht (ZLR.). Herausgegeben von weiland Dr. jur. Otto **Schreiber.** Erscheint in Bänden zu je vier Heften.
Band I. 1926/28 . . . . RM. 50.—, geb. RM. 55.—
Band II, Heft 1 . . . . RM. 10.—

Bank-Archiv. Zeitschrift für Bank- und Börsenwesen. Unter Mitwirkung von hervorragenden Fachmännern herausgegeben von Geh. Justizrat Prof. Dr. **Rießer,** Berlin. Schriftleitung: Rechtsanwalt Otto **Bernstein,** geschäftsführendes Mitglied des Centralverbandes des Deutschen Bank- und Bankiergewerbes. Quart. Jährlich 24 Nummern. XXX. Jahrgang. 1930/31 . . . . Pro Halbjahr RM. 12.—

Veröffentlichungen des Reichs-Aufsichtsamts für Privatversicherung. Groß-Oktav. 29. Jahrgang. Heft 1—3 . . . . RM. 17.50
Jahrgang 1—28. Preise auf Anfrage.

Kolibri 360 GmbH
Ferdinand-Jühlke-Straße 7
99095 Erfurt, Deutschland
produktsicherheit@kolibri360.de